4 **Satztechnik und Typografie** Band 4 | Formenlehre

comedia-Autoren
Reihe
«Satztechnik und Typografie»
Gerhard Dude
Richard Frick
Christine Graber-Rosenberger
Markus Junker
Samuel Marty
Martin Sommer
Werner Meier (Lektorat)

Reihe «Bildbearbeitung»
Fritz Maurer

Autorin dieses Bandes
Christine Graber-Rosenberger

Druck
gdz AG, Zürich

Herausgeber
comedia
die Mediengewerkschaft
Monbijoustraße 33
CH-3011 Bern
ISBN 3-9520934-3-2
Ab 1.1.2007:
ISBN 978-3-9520934-3-6
4. veränderte Auflage 2006

Die Lehrmittel
«Satztechnik und Typografie»
sowie die Lern-CD und
Bildbearbeitung
sind zu bestellen bei:
comedia
die Mediengewerkschaft
Verlag
Postfach
CH-3001 Bern
www.comediaverlag.ch

Lehrmittel-Ausgaben
Reihe
«Satztechnik und Typografie»
1. Typografische Grundlagen
2. Satztechnik
3. Avor Satz/Avor DTP
4. Formenlehre
5. Typografie am Bildschirm
6. Typografie mit InDesign
7. Grundlagen
   des Zeitungsdesigns

Reihe «Bildbearbeitung»
1. Farbreproduktion
   mit CD-ROM

Lern-CDs
1. Satztechnik und Typografie
2. Typografie am Bildschirm

comedia-Verlag Bern

Entsprechend dem Grundsatz der Gleichberechtigung von Mann und Frau gelten alle Personen- und Funktionsbezeichnungen, ungeachtet der männlichen und weiblichen Sprachform, für beide Geschlechter.

«Da wir uns zur Zeit den Kopf zerbrechen über unsere Versorgungsquellen, über die Erschöpfung der natürlichen Energien, müssten wir auch den Empfindungsverlust in Betracht ziehen, den wir erleiden. Die Phänomene, die uns den Blick auf die Welt verstellen, berauben uns auch der Energiequellen: Unsere relative Blindheit verbirgt uns unschätzbare Informationsquellen. Wir müssen den Blick ändern, um überleben zu können, wie wir das Leben verändern müssen, um zu überdauern.»

Paul Virillo

«Man sollte nicht sein ganzes Leben nur mit Buchstaben verbringen, es gibt ja auch noch die Typografie.»

Hans Peter Willberg

«Der pausenlosen Betriebsamkeit unserer Zeit etwas entgegensetzen. Unentwegtes Angespanntsein, unaufhörlicher Lärm. Der ganzen Überfüllung unseres Lebens etwas entgegensetzen.»

Emil Ruder

«Die Menschen sind heute überinformiert. Ihre visuelle Umwelt ist so laut, dass man Ruhe gestalten muss, um die Nachricht richtig zu übermitteln.»

André von Zwielen

«Typografie bedeutet für mich, das bereits in der Aufgabe liegende Design freizustellen.»

Helmut Schmid

«Typografie muss nicht nur dem Blick zugänglich und lesbar sein
Typografie muss hörbar sein
Typografie muss fühlbar sein
Typografie muss erfahrbar sein.»

Helmut Schmid

«Eine Zeit, die das Gedächtnis für Dinge, die ihr Leben formen, verloren hat, weiß nicht, was sie will.»

Sigfried Giedion

«Wir beschäftigen uns immer noch mehr mit Text als mit Bildern.
Trotz Fernseher und Kino sind wir nach wie vor unglaublich textorientiert.»

Peter Greenaway

«Schrift ist Materialisierung des Geistes.
Typografie ist Organisation der Schrift.»

Philipp Luidl

«Bild und Schrift haben nicht nur eine gemeinsame Wurzel, sie fördern noch heute und in Zukunft gemeinsame Zwecke, sie informieren und fordern uns auf, nachzudenken und nachzuerleben, uns im buchstäblichen Sinne selbst ein Bild zu machen.»

R. A. Ljachkow

«Was ist ein Typograf in einer Kultur, in der die Position des Denkens und des Wortes immer mehr an Terrain verliert zugunsten von Gefühlen und des Bildes?»

Wigger Bierma

Das optische Empfinden des Menschen ist die angeborene Fähigkeit, «Dinge» der Außenwelt durch die Augen zu begreifen und zu erfahren.
Das Auge liefert optische Informationen – das eigentliche Sehen geschieht im Hirn.
Aber über die Augen werden auch biologische Rhythmen und die Seele gesteuert. An keinem anderen Körperteil zeigt sich der Gemütszustand deutlicher, denn man erkennt Mäßigung, Milde, Mitleid, Hass, Liebe, Traurigkeit und Glück – sie sind sozusagen das Fenster zur Seele.
Der Mensch ist grundsätzlich bestrebt, im Gleichgewicht aller seiner Sinne zu sein. Das Sehen ist keineswegs nur ein mechanisches Aufzeichnen von Sinneseindrücken; es ist ein schöpferisches Begreifen der Wirklichkeit.
Das optische Empfinden ist der geometrischen Konstruktion übergeordnet.

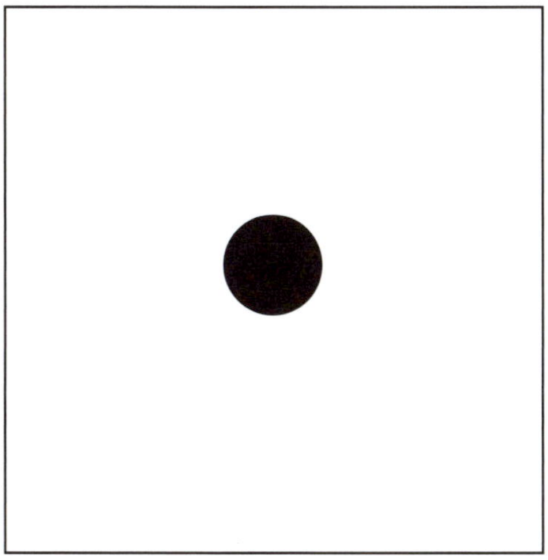

Optische Wahrnehmung

Wie vollzieht sich unser Sehen? Wenn wir die nebenstehende Abbildung anschauen, bemerken wir die asymmetrische Lage des Punktes als ein Wahrnehmungsmerkmal der Gesamtfigur.
Wir sehen also den Punkt nicht für sich, sondern innerhalb eines Quadrates. Wir stellen eine Raumbeziehung her, und der Punkt ist nur ein Teil des Ganzen.
Wir sehen diese Merkmale als Eigenheiten des gesamten Gesichtsfeldes.
Kein Gegenstand wird für sich allein oder isoliert wahrgenommen.
Zum Sehen eines Dinges gehört, dass ihm ein Platz im Ganzen zugewiesen wird: eine Stelle im Raum, eine Einstufung nach Größe, Helligkeit, Entfernung. Nach diesem Empfinden muss das Gegeneinander von Schwarz und Weiß oder Hell und Dunkel ausgewogen werden.
Der Punkt ist nicht nur in Bezug auf die Mitte des Quadrates verlagert. Er hat auch etwas Unruhiges an sich. Es sieht so aus, als wollte er zurück zur Mitte oder sich noch weiter entfernen. Die Stellung des Punktes zu den Seiten des Quadrates ist ein Hin und Her zwischen Abstoßung und Anziehung zur Mitte.
Dieses Seherlebnis ist dynamisch. So entsteht Spannung. Der Punkt scheint von der Mitte angezogen zu sein, obwohl die Mitte nicht sichtbar ist – sie ist so unsichtbar wie der Nordpol oder der Äquator. Das hat mit der Anziehungskraft der Erde zu tun – und der sind wir alle unterworfen.
Wir empfinden die Lage des Punktes am stabilsten, wenn sein Mittelpunkt mit dem Mittelpunkt des Quadrates zusammenfällt.

1
Das geometrische Quadrat ist für das Auge niedriger als breit. Das optische Quadrat muss deshalb leicht überhöht sein.

2
Bei der geometrischen Querteilung wirkt die untere Hälfte kleiner.

3, 4
Der senkrechte Balken wirkt dünner als der gleich dicke waagrechte Balken.

5
Der schwarze Punkt wirkt im oberen Teil der Fläche schwebend.

6
Der gleiche schwarze Punkt wirkt am unteren Rand gewichtig und lastend.

7
Das Dreieck im Sinne der Pyramide wirkt stabil.

8
In der Umkehrung wirkt dieselbe Form labil und schwankend.

9
Der fette waagrechte Balken wirkt als Form lastend und schwer.

10
Senkrecht gestellt wirkt derselbe Balken leicht und beweglich.

11
Das schwarze Quadrat auf weißem Grund wirkt kleiner.

12
Das weiße Quadrat auf schwarzem Grund überstrahlt seine Grenzen und wirkt größer.

1	5	9
2	6	10
3	7	11
4	8	12

1 2
3 4
5 6

Unser Sehen, unsere visuelle Wahrnehmung hat die Tendenz, alle waagrecht gelagerten Werte zu vergrößern und die senkrechten Teile als schwächer zu empfinden. Optische Täuschung darf nicht als Einbildung abgetan werden – bei jeder Gestaltung müssen diese Gesetze beachtet werden.

1
Eine Pyramide, die auf dem Kopf steht, wirkt labil und schwankend.

2
Eine Pyramide, die auf dem Boden steht, wirkt stabil.

3
Das von einem Laien nachgemalte Swissair-Signet auf einer Hausmauer für ein Reisebüro erinnert an das Original. Beim genauen Hinsehen entdeckt man jedoch die Unregelmäßigkeiten (s-Form, Größe des Kreuzes, Strichdicke der Buchstaben, Höhe der Mittellängen usw).

4
Im Vergleich dazu das Original-Signet aus der Futura fett von Karl Gerstner.

5
Obwohl beide Gesichtshälften scheinbar symmetrisch sind, kommt das Gesicht aus dem visuellen Gleichgewicht, wenn zwei gleiche Gesichtshälften zusammengesetzt werden.

6
Im Vergleich dazu ein Bild vom Originalgesicht von Florian – die Natur gleicht die Symmetrie optisch aus.

1, 2
Die optisch ausgeglichene Symmetrie der Natur im Gesicht kann auf die Harmonie einer gut lesbaren Schrift übertragen werden.

3, 4
Wenn die Proportion des Gesichts durch die zu lange Nase verändert wird oder die Schleife des «a» zu hoch angesetzt ist, entsteht in beiden Fällen eine Karikatur.

5, 6
Der Karikatureffekt wird noch deutlicher mit der zu kurzen Nase und der tiefer angesetzten Horizontalen.

7
Eine Zeile, die mathematisch in der Mitte eines Feldes steht, steht optisch zu tief.

8
Wird die Zeile optisch korrigiert, so steht sie richtig.

1 3 5
2 4 6
7 8

m m m m m m m m m m m m m

m m m m m m m m m m m m m

Schrift

Der Mensch hatte jahrtausendelang sein Gedächtnis mit Bildern angefüllt, die der Tag ihm zeichnete. Irgendwann war er ihrer überdrüssig, musste zurückgeben, was er sammelte. Das waren nicht nur Eindrücke, die im Laufe seines Lebens auf ihn zukamen, es waren auch Schemen, die er von Geburt an in sich trug.

Er sah sich jedoch außerstande, diese zu unterscheiden. Wir sind heute noch nicht in der Lage, Reales von Irrealem zu trennen, wenn nachts eine Bewegung oder ein Geräusch uns erschreckt.

Der Mensch hatte jahrtausendelang sein Gedächtnis mit Bildern angefüllt, die der Tag ihm zeichnete. Irgendwann war er ihrer überdrüssig, musste zurückgeben, was er sammelte.

Schrift

Das waren nicht nur Eindrücke, die im Laufe seines Lebens auf ihn zukamen, es waren auch Schemen, die er von Geburt an in sich trug. Er sah sich jedoch außerstande, diese zu unterscheiden. Wir sind heute noch nicht in der Lage, Reales von Irrealem zu trennen, wenn nachts eine Bewegung oder ein Geräusch uns

Schrift als Beschwörung

Philip Luidl

Der Mensch hatte jahrtausendelang sein Gedächtnis mit Bildern angefüllt, die der Tag ihm zeichnete. Irgendwann war er ihrer überdrüssig, musste zurückgeben, was er sammelte. Das waren nicht nur Eindrücke, die im Laufe seines Lebens auf ihn zukamen, es waren auch Schemen, die er von Geburt an in sich trug.
Er sah sich jedoch außerstande, diese zu unterscheiden. Wir sind

Der Mensch hatte jahrtausendelang sein Gedächtnis mit Bildern angefüllt, die der Tag ihm zeichnete. Irgendwann war er ihrer überdrüssig, musste zurückgeben, was er sammelte.

Philip Luidl

Schrift

Das waren nicht nur Eindrücke, die im Laufe seines Lebens auf ihn zukamen, es waren auch Schemen, die er von Geburt an in sich trug. Er sah sich jedoch außerstande, diese zu unterscheiden. Wir sind heute noch nicht

Optische Regeln

Das Nebeneinanderstellen von großen und kleinen Schriften bedingt Alinieren der Schriftlinien oder der Mittellängen.
Bei Textabschnitten in der Grundschrift alignieren Titel mit der letzten Zeile auf die Schriftlinie.
Bei der ersten Zeile der Grundschrift können die Titel auf die Mittellänge alinieren.

TYPOGRAPHIE UND KONVENTION

Druckbild erfreuen. Daher ist jede Satzgestaltung falsch, die sich, gleichviel aus welcher Absicht, zwischen Autor und Leser stellt. Daraus folgert, daß der Druck von Büchern, die zum Lesen bestimmt sind, «blendender» Typographie wenig Spielraum bietet. Selbst langweiliger und einförmiger Satz ist für den Leser bedeutend weniger störend als exzentrische oder verspielte Typographie. Geschicklichkeit in dieser Hinsicht ist wünschenswert, ja sogar unerläßlich in der Werbetypographie, sei es für Handel, Politik oder Religion, weil unter allen derartigen Drucksachen nur die auffallendsten beachtet werden. Die Buchtypographie aber verlangt, von eng begrenzten Ausgaben abgesehen, beinahe unverbrüchliches Beachten der Konvention – und das mit Recht.

Weil der Druck im wesentlichen ein Mittel der Vervielfältigung ist, muß er nicht bloß gut an und für sich sein, sondern auch gut im Hinblick auf seine unmittelbare Aufgabe. Je umfassender diese Aufgabe ist, desto strenger sind die dem Drucker auferlegten Beschränkungen. Bei einem Text, der in einer Auflage von 50 Exemplaren gedruckt wird, mag er ein Experiment wagen, aber er zeigt wenig Einsicht, wenn er in derselben Weise mit einem Text verfährt, von dem 50000 Exemplare gedruckt werden. Ebenso wird eine Neuerung, die sich für eine 16sei-

6

EXPERIMENT UND ERFORSCHUNG

tige Broschüre eignen mag, bei einem 160seitigen Buch höchst unerwünscht sein. Es liegt im Wesen der Typographie und in der Natur des gedruckten Buches als Buch, der Öffentlichkeit zu dienen. Für den einmaligen oder individuellen Gebrauch verbleibt die Handschrift, das handgeschriebene Buch; dem als einziges Exemplar gedruckten Buch haftet deshalb etwas Unsinniges an, obschon die Zahl der Drucke zu Recht begrenzt sein kann, wenn ein Buch Mittel eines typographischen Experimentes ist. Experimente sind immer wünschenswert, und es ist schade, daß solche Versuche so selten und nicht mit mehr Mut unternommen werden. Die Typographie von heute erfordert weniger Inspiration oder Wiederbelebung als vielmehr Erforschung. Im folgenden sollen einige von der Forschung bekräftigte – den Buchdruckern eigentlich bekannte – Grundregeln, die auch außerhalb des Faches Stehende interessieren mögen, dargelegt werden.

II

DIE Gesetze, welche die Typographie der Bücher beherrschen, die allgemeine Verbreitung finden sollen, beruhen erstens auf der Eigentümlichkeit unserer alphabetischen Schrift und zweitens auf den Tradi-

7

TYPOGRAPHIE UND KONVENTION

zum Lesen bestimmt sind, «blendender» Typographie wenig Spielraum bietet. Selbst langweiliger und einförmiger Satz ist für den Leser bedeutend weniger störend als exzentrische oder verspielte Typographie. Geschicklichkeit in dieser Hinsicht ist wünschenswert, ja sogar unerläßlich in der Werbetypographie, sei es für Handel, Politik oder Religion, weil unter allen derartigen Drucksachen nur die auffallendsten beachtet werden. Die Buchtypographie aber verlangt, von eng begrenzten Ausgaben abgesehen, beinahe unverbrüchliches Beachten der Konvention – und das mit Recht.

Weil der Druck im wesentlichen ein Mittel der Vervielfältigung ist, muß er nicht bloß gut an und für sich sein, sondern auch gut im Hinblick auf seine unmittelbare Aufgabe. Je umfassender diese Aufgabe ist, desto strenger sind die dem Drucker auferlegten Beschränkungen. Bei einem Text, der in einer Auflage von 50 Exemplaren gedruckt wird, mag er ein Experiment wagen, aber er zeigt wenig Einsicht, wenn er in derselben Weise mit einem Text verfährt, von dem 50 000 Exemplare gedruckt werden. Ebenso wird eine Neuerung, die sich für eine 16seitige Broschüre eignen mag, bei einem 160seitigen Buch höchst unerwünscht sein. Es liegt im Wesen der Typographie und in der Natur des gedruckten Buches als Buch, der Öffent-

8

TYPOGRAPHISCHE EXPERIMENTE

lichkeit zu dienen. Für den einmaligen oder individuellen Gebrauch verbleibt die Handschrift, das handgeschriebene Buch; dem als einziges Exemplar gedruckten Buch haftet deshalb etwas Unsinniges an, obschon die Zahl der Drucke zu Recht begrenzt sein kann, wenn ein Buch Mittel eines typographischen Experimentes ist. Experimente sind immer wünschenswert, und es ist schade, daß solche Versuche so selten und nicht mit mehr Mut unternommen werden. Die Typographie von heute erfordert weniger Inspiration oder Wiederbelebung als vielmehr Erforschung. Im folgenden sollen einige von der Forschung bekräftigte – den Buchdruckern eigentlich bekannte – Grundregeln*, die auch außerhalb des Faches Stehende interessieren mögen, dargelegt werden.

II

DIE Gesetze, welche die Typographie der Bücher beherrschen, die allgemeine Verbreitung finden sollen, beruhen erstens auf der Eigentümlichkeit unserer alphabetischen Schrift und zweitens auf den Traditionen, die ausdrücklich oder stillschweigend in der Gesellschaft gelten, für die der Drucker arbeitet. Während einheitlicher Charakter und einheitliche Typographie für alle Bücher, die in einem bestimmten nationalen Bereich hergestellt werden, durchaus möglich sind, geht es

9

Typografie
«Grundregeln der Buchtypografie» von Stanley Morison.

1
Fünfter Angelus-Druck, Bern 1966.
Herausgegeben von Max Caflisch und Kurt Gschwend.
Die Typografie besorgte Max Caflisch.
Seine Anordnungen für den Stand des Satzspiegels wurden richtig ausgeführt, die Buchdoppelseite wirkt harmonisch.

2
Buchdoppelseite aus einer Neuauflage desselben Buches im Carl Heymanns Verlag, Köln 1987.
Die Typografie von Max Caflisch wurde nicht richtig ausgeführt. Durch die daraus entstandene Raumaufteilung hat das Buch seine gute Ausstrahlung verloren. Der Satzspiegel neigt zu stark zum unteren Rand.

1
2

Die zwei nebenstehenden Abbildungen sind genau gleich, eine davon ist lediglich um 90 Grad gedreht.
Welche Unterschiede fallen beim Betrachten auf?

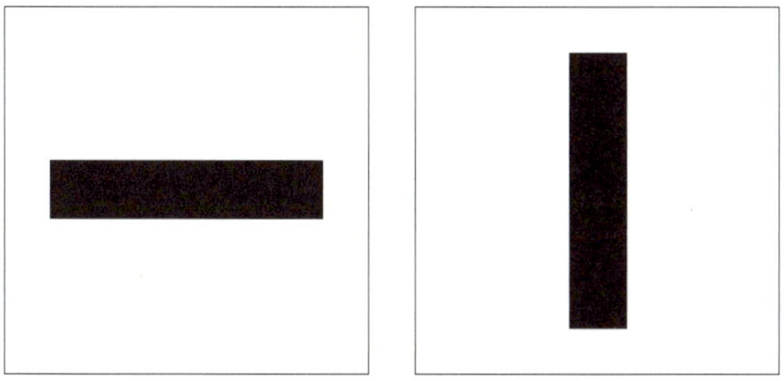

Zeichne zwei Quadrate auf den Satzspiegel (siehe Hinweis unten auf dieser Seite zu den Übungen).
Schneide in der gleichen Proportion die nebenstehenden Balken aus schwarzem Papier.
Korrigiere im linken Beispiel die optische Mitte und im rechten Beispiel die optische Balkenstärke.

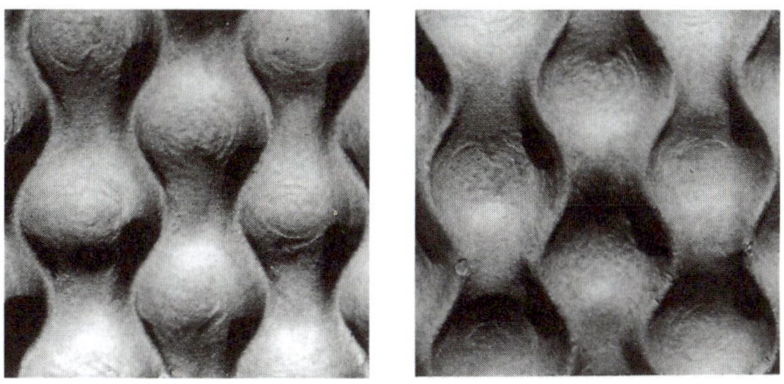

Tiefenneutrale Formen links: von oben beleuchtet.
rechts:
von unten beleuchtet.
Wenn die Beleuchtungsrichtung verändert wird, kommt es zu einer Umkehr der Tiefenwahrnehmung.
Suche eigene Beispiele mit dieser Wirkung.

Hinweis zu den Übungen

Am Schluss jedes Kapitels folgen Vorschläge für die Übungen. Sie sollen auf separaten Blättern (vielleicht mit einem eigenen Satzspiegel) in verschiedenen Entwurfstechniken (skizziert, geklebt, geprintet usw.) ausgeführt werden. So entsteht am Schluss der Formenlehre eine Sammlung eigener Arbeiten.
Die Übungen können natürlich (je nach Zeit) noch erweitert werden.

Alle Dinge, die uns umgeben, haben eine Größe, ein Ausmass, ihre eigene Dimension. Diesem Ausmass steht der Mensch mit seiner Größe gegenüber.
Das Festlegen der Dimension ist die erste Entscheidung des Gestalters hinsichtlich der zu schaffenden Form. Es ist die Frage nach der Größenordnung und hat in erster Linie praktische Funktion, nicht ästhetische; erst mit der Proportion beginnt diese wirksam zu werden.
Wer in Proportionen sieht und denkt, entscheidet eindeutig und klar; deshalb kann es nur nützlich sein, diese Dinge zu wissen. Anderseits aber muss gesagt werden, dass die Proportionserscheinungen in der Natur auch ohne die ästhetischen Forschungen existieren.
Der Künstler handelt in erster Linie gefühlsmäßig, und wenn er in der Korrektur seiner Arbeit auf die harmonische Wirkung stößt, so nimmt er das Resultat bestimmt nicht als wissenschaftliche Erkenntnis in sich auf; denn das rhythmische Gesetz befindet sich ja schon in ihm, da er auch Teil der Natur ist.

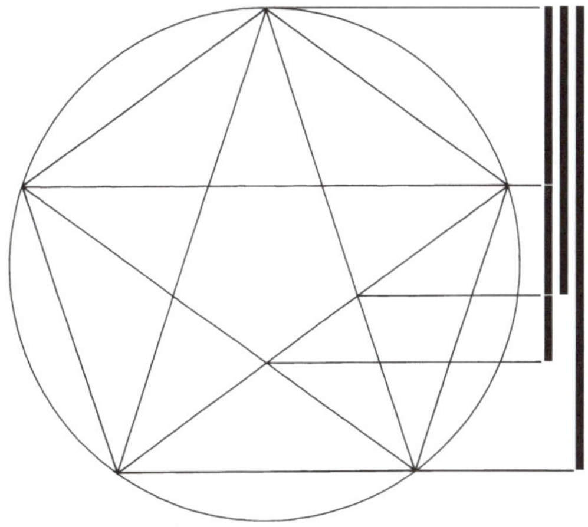

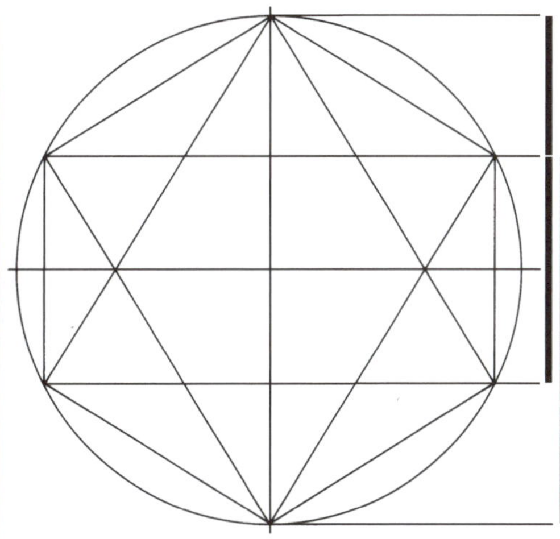

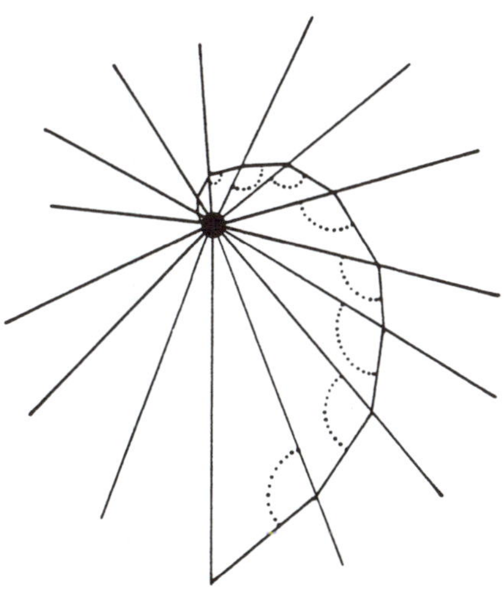

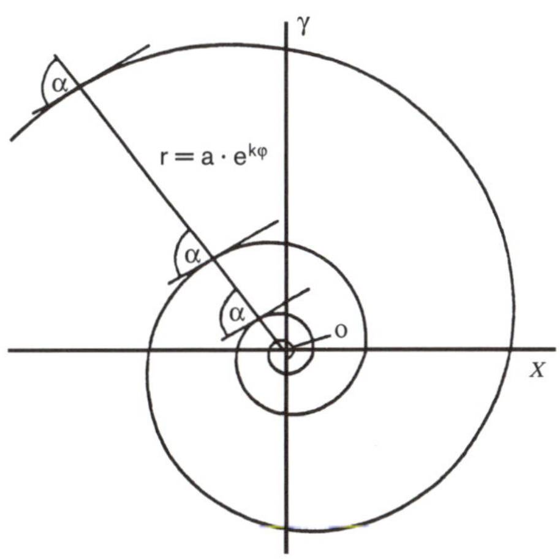

1 4
2 5
3 6

Natur

Die verschiedenen Teilungen des Kreises wie das Vier-, Fünf-, Sechs- und Achteckpolygon waren schon den Ägyptern und den Pharaonen bekannt.

1
Glockenblume
In der Pflanzenwelt trifft man die Proportion des Sternfünfecks oft an.

2
Schneekristall
Die scheinbar ungleichen Strecken stehen häufig im Verhältnis des Goldenen Schnittes*.

3
Insekt
Ein Insekt nähert sich der Lichtquelle in einer logarithmischen Spirale.
Der Winkel bleibt konstant.

4
Pentagramm
Auch Sternfünfeck genannt. Alle Linien stehen zueinander im Verhältnis des Goldenen Schnittes.

5
Goldenes Sechseck
Diese Form entsteht, wenn man einem Doppelquadrat einen Kreis umschreibt. Das Goldene Sechseck hat deshalb je zwei und vier gleiche Seiten.
Durch die Sternform entstehen Strecken, die im Verhältnis des Goldenen Schnittes stehen.

6
Spirale
Die (logarithmische) Spirale ist eine Kurve, die in unendlich vielen, immer weiter werdenden Windungen einen festen Punkt (Pol) umläuft.

Messungen in der Natur haben oft die Verhältnisse des Goldenen Schnittes. Manche organische Gebilde oder Wesen haben aber wenig Beziehung zum Goldenen Schnitt. Wenn uns ein Werk infolge der harmonischen Verhältnisse besonders erfreut, sind meistens die Verhältnisse des Goldenen Schnittes erhalten.
*Proportionen des Goldenen Schnittes auf Seite 6.16

Kunst

Der Künstler kann seine Statue oder Bild nach den Proportionen des Goldenen Schnittes aufbauen.
Eine andere Möglichkeit ist der Bildaufbau nach einem geometrischen Schema zu gestalten, wobei auch in diesem Fall gewisse Proportionen im Goldenen Schnitt entstehen. Die dritte Möglichkeit ist den Bildaufbau vollkommen frei zu gestalten. Dabei entstehen gewollte oder ungewollte Proportionen.

1
«Apollon vom Belvedere» im Vatikan.
Alle Abmessungen im Goldenen Schnitt ergeben sich zwangslos aus der Regel der stetigen Teilung.

2
Leonardo da Vinci, 1503
Mona Lisa
Louvre Paris
Die Bildausführung erfolgte nach einem geometrischen Schema.

1
2

1
Camille Graeser
Energie in der Reihe, 1952.
2
Piet Mondrian
Composition Blue, Red & Yellow, 1930.

3
Bruce Nauman
Plakat, 1995.

Kunst
An den drei Abbildungen von 1930, 1952 und 1995 sind die sich verändernden Ansichten von Proportion erkennbar. Camille Graesers Gestaltung hat schon eine neue Grundlage: Zu den optischen Erfahrungen des Gefühls ist die Bewusstheit des Denkens getreten. Damit tritt als schöpferischer Faktor nicht etwa die Mathematik selbst, sondern die mathematische Denkweise in die Struktur der Komposition. Bei Piet Mondrian sind die Grundfarben Rot, Blau, Gelb, Schwarz und Weiß, aber auch die proportionalen Einteilungen im Bild nach seinem Empfinden erkennbar. Seinen Kompositionen liegt kein mathematischer Raster zugrunde. Bei Bruce Nauman ist das Bewusstsein der neuen Zeit sichtbar. Er will mit seiner Kunst die Vorgänge der Welt beschreiben.

1
Camille Graeser
Die «Reihe» besteht in den horizontal und vertikal gerichteten Bildelementen (es ist der Buchstabe T), deren Bewegung von links nach rechts, von oben nach unten und umgekehrt verläuft. Die «Energie» ist in den richtungslosen, weißen Quadraten.

2
Piet Mondrian
Mondrian sagt: «Harmonie ist immer als erste Forderung an die Kunst gestellt worden. Harmonie entsteht durch das Gleichgewicht der Verhältnisse der Linie, der Farbe und der Form ... es ist selbstverständlich, dass man der Harmonie am nächsten kommt mit den reinsten, das heißt den klarsten Darstellungsmitteln.»

3
Bruce Nauman
«Ich glaube, dass Kunst eine wertvolle menschliche Aktivität sein sollte.»
Text in der Spirale:
«Der wahre Künstler hilft der Welt durch die Enthüllung mystischer Wahrheiten.»

Design

Karl Gerstner hat 1963 für die Möbelfirma Holzäpfel ein Signet aus Bestandteilen eines Linienkastens einer Bleisetzerei entworfen.
Die Linienstärke ist bei allen Varianten gleich; (diese entspricht einer 6 Punkt fetten Linie im typografischen Masssystem). Breite und Höhe ändern, dadurch auch die Proportion.

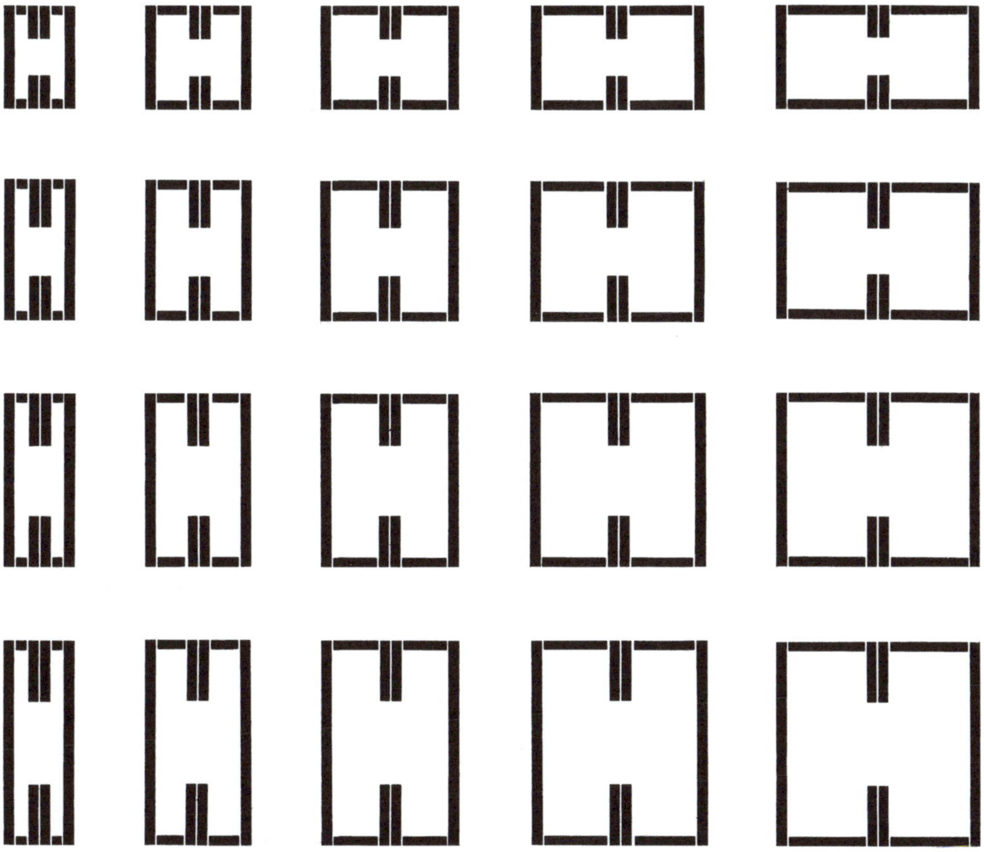

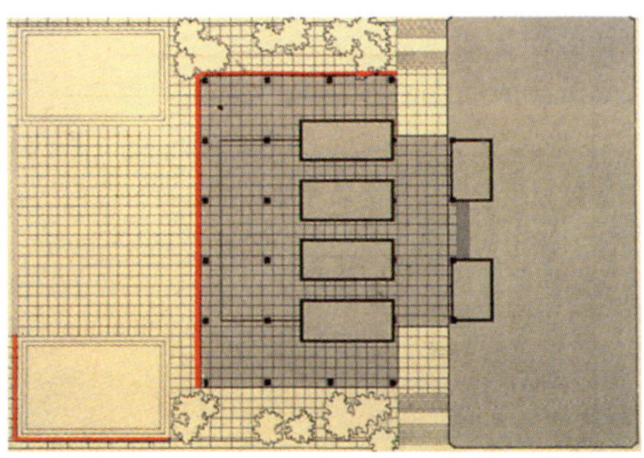

Architektur

Im Gegensatz zu Malerei und Typografie ist die Architektur dreidimensional. Ein Bauwerk hat also nicht nur eine äußere, sondern auch eine innere Größe. Ein griechischer Tempel strahlt geistige Größe aus durch seine klare Gliederung und vollendete Proportionierung. Das Mittel der Überdimensionierung kann – vor allem in der Architektur – auch bewusst eingesetzt werden: ägyptische Tempelbauten, römische Theater, barocke Klosteranlagen.
Auch die Repräsentationsbauten der Diktatoren unserer Zeit sind überdimensioniert, stehen mit ihrer Größe in einem bestimmten Verhältnis zum Menschen. Diese Gebäude flößen durch ihr bloßes Dasein oder Sosein, in dem Machtdemonstration liegt, Angst und Ehrfurcht ein. Aber auch zu den kleinen Dingen wie Miniaturen oder verkleinerten Nachahmungen uns bekannter Dinge finden wir kein rechtes Verständnis. Die Echtheit zu kleiner Dinge ist vielen suspekt.

1
Innenansicht eines Ringgehöft-Komplexes des Tata-Volkes, Tschad.
2
Villa Stein 1927.
Le Corbusier, Paris.
3
Seagram-Gebäude 1954–1958.
Mies van der Rohe, New York.

4, 5, 6
In den drei Beispielen ist jeweils im danebenstehenden Bild der Goldene Schnitt mit roten Linien eingezeichnet.
Beim Seagram-Gebäude wird der Grundriss gezeigt.

Architektur
Brücken sind für ein ausgebautes Strassennetz unentbehrlich. In früher Zeit wurden sie auch für die Wasserversorgung der Städte benutzt.
Neben technischen Bedingungen des Ingenieurbaus müssen sich die Brücken auch gestalterisch in die Landschaft fügen. Dabei gelingt den Ingenieuren oft eine gestalterisch imposante Leistung, wobei die Proportionen eine wichtige Rolle spielen.

1
Pont du Gard bei Nimes
Beginn des 1. Jahrhunderts vor Christus. Die Brücke erfüllt beide Aufgaben, Strassen- und Wasserbrücke. Viadukt und Äquadukt zugleich. Die obere Bogenreihe trug die Wasserleitung, die mittlere diente dem Strassenverkehr. Das Bauwerk ist 50 Meter hoch und noch gut erhalten.

2
Sunnibergbrücke bei Klosters
Eröffnung am 9. Dezember 2005.
Ersonnen und geplant wurde sie vom Bündner Ingenieur Christian Menn – in dieser Disziplin weltweit einer der kreativsten. Anhand der filigranen Sunnibergbrücke erklärt der Meister seine Philosophie des Brückenbaus.

Schrift

Fragment einer Grabinschrift aus Chieti mit eingezeichneten Proportionsverhältnissen im Goldenen Schnitt.
Mitte des 1. Jahrhunderts.
Nationalmuseum Rom.

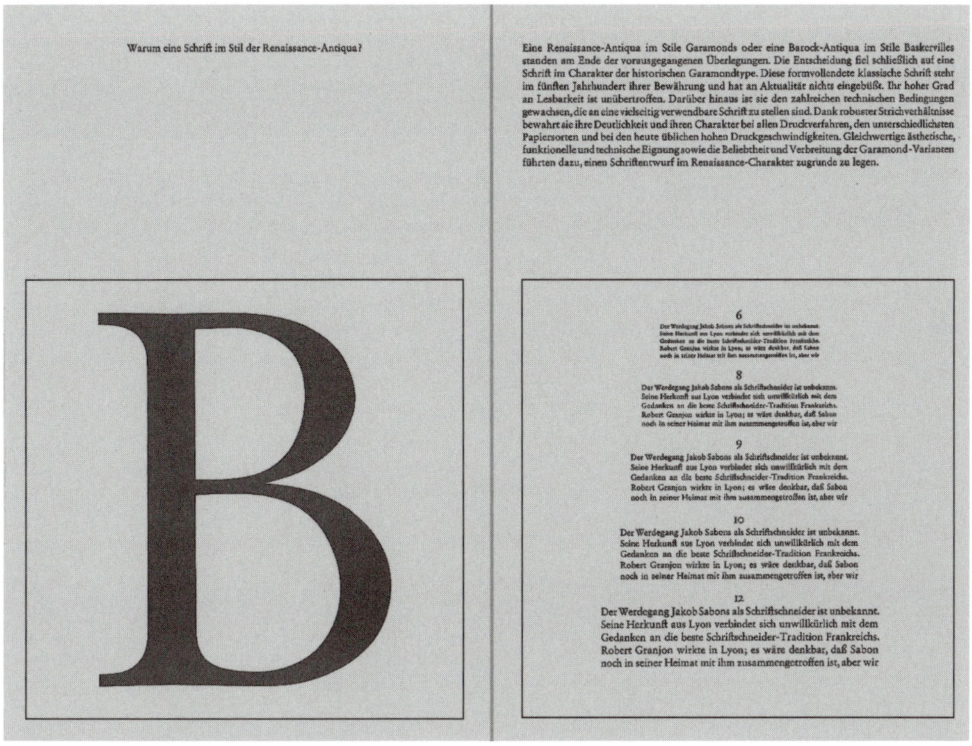

Warum eine Schrift im Stil der Renaissance-Antiqua?

Eine Renaissance-Antiqua im Stile Garamonds oder eine Barock-Antiqua im Stile Baskervilles standen am Ende der vorausgegangenen Überlegungen. Die Entscheidung fiel schließlich auf eine Schrift im Charakter der historischen Garamondtype. Diese formvollendete klassische Schrift steht im fünften Jahrhundert ihrer Bewährung und hat an Aktualität nichts eingebüßt. Ihr hoher Grad an Lesbarkeit ist unübertroffen. Darüber hinaus ist sie den zahlreichen technischen Bedingungen gewachsen, die an eine vielseitig verwendbare Schrift zu stellen sind. Dank robuster Strichverhältnisse bewahrt sie ihre Deutlichkeit und ihren Charakter bei allen Druckverfahren, den unterschiedlichsten Papiersorten und bei den heute üblichen hohen Druckgeschwindigkeiten. Gleichwertige ästhetische, funktionelle und technische Eignung sowie die Beliebtheit und Verbreitung der Garamond-Varianten führten dazu, einen Schriftentwurf im Renaissance-Charakter zugrunde zu legen.

B

6

Der Werdegang Jakob Sabons als Schriftschneider ist unbekannt. Seine Herkunft aus Lyon verbindet sich unwillkürlich mit dem Gedanken an die beste Schriftschneider-Tradition Frankreichs. Robert Granjon wirkte in Lyon; es wäre denkbar, daß Sabon noch in seiner Heimat mit ihm zusammengetroffen ist, aber wir

8

Der Werdegang Jakob Sabons als Schriftschneider ist unbekannt. Seine Herkunft aus Lyon verbindet sich unwillkürlich mit dem Gedanken an die beste Schriftschneider-Tradition Frankreichs. Robert Granjon wirkte in Lyon; es wäre denkbar, daß Sabon noch in seiner Heimat mit ihm zusammengetroffen ist, aber wir

9

Der Werdegang Jakob Sabons als Schriftschneider ist unbekannt. Seine Herkunft aus Lyon verbindet sich unwillkürlich mit dem Gedanken an die beste Schriftschneider-Tradition Frankreichs. Robert Granjon wirkte in Lyon; es wäre denkbar, daß Sabon noch in seiner Heimat mit ihm zusammengetroffen ist, aber wir

10

Der Werdegang Jakob Sabons als Schriftschneider ist unbekannt. Seine Herkunft aus Lyon verbindet sich unwillkürlich mit dem Gedanken an die beste Schriftschneider-Tradition Frankreichs. Robert Granjon wirkte in Lyon; es wäre denkbar, daß Sabon noch in seiner Heimat mit ihm zusammengetroffen ist, aber wir

12

Der Werdegang Jakob Sabons als Schriftschneider ist unbekannt. Seine Herkunft aus Lyon verbindet sich unwillkürlich mit dem Gedanken an die beste Schriftschneider-Tradition Frankreichs. Robert Granjon wirkte in Lyon; es wäre denkbar, daß Sabon noch in seiner Heimat mit ihm zusammengetroffen ist, aber wir

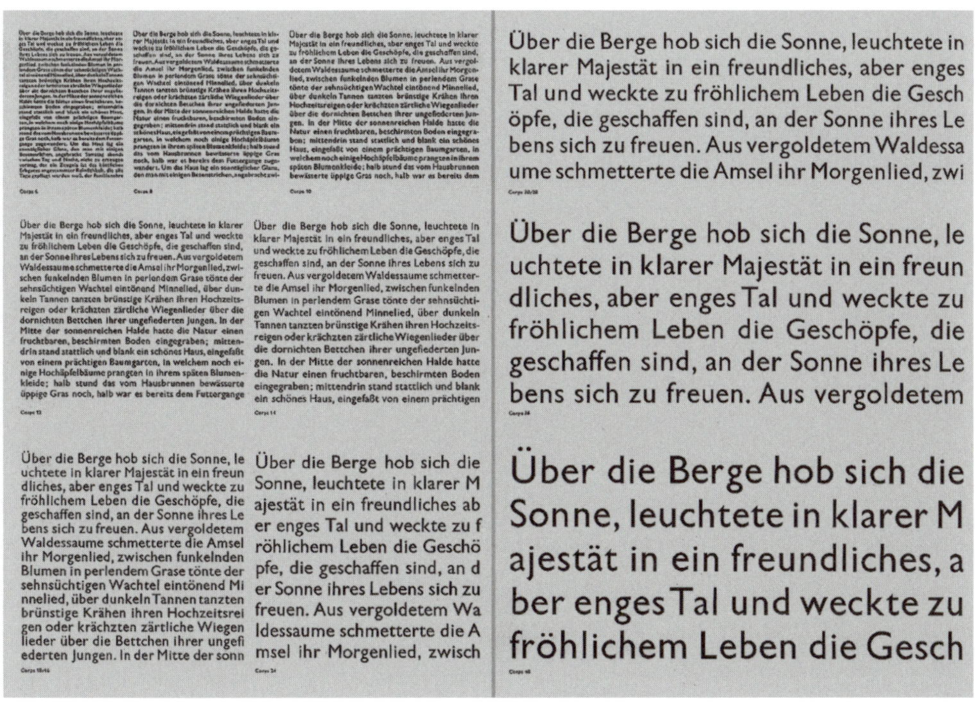

Über die Berge hob sich die Sonne, leuchtete in klarer Majestät in ein freundliches, aber enges Tal und weckte zu fröhlichem Leben die Geschöpfe, die geschaffen sind, an der Sonne ihres Lebens sich zu freuen. Aus vergoldetem Waldessaume schmetterte die Amsel ihr Morgenlied, zwischen funkelnden Blumen in perlendem Grase tönte der sehnsüchtigen Wachtel eintönend Minnelied, über dunkeln Tannen tanzten brünstige Krähen ihren Hochzeitsreigen oder krächzten zärtliche Wiegenlieder über die dornichten Bettchen ihrer ungefiederten Jungen. In der Mitte der sonnenreichen Halde hatte die Natur einen fruchtbaren, beschirmten Boden eingegraben; mittendrin stand stattlich und blank ein schönes Haus, eingefaßt von einem prächtigen Baumgarten, in welchem noch einige Hochäpfelbäume prangten in ihrem späten Blumenkleide; halb stund das vom Hausbrunnen bewässerte üppige Gras noch, halb war es bereits dem Futtergange

Über die Berge hob sich die Sonne, leuchtete in klarer Majestät in ein freundliches, aber enges Tal und weckte zu fröhlichem Leben die Geschöpfe, die geschaffen sind, an der Sonne ihres Lebens sich zu freuen. Aus vergoldetem Waldessaume schmetterte die Amsel ihr Morgenlied, zwischen funkelnden Blumen in perlendem Grase tönte der sehnsüchtigen Wachtel eintönend Minnelied, über dunkeln Tannen tanzten brünstige Krähen ihren Hochzeitsreigen oder krächzten zärtliche Wiegenlieder über die dornichten Bettchen ihrer ungefiederten Jungen. In der Mitte der sonnenreichen Halde hatte die Natur einen fruchtbaren, beschirmten Boden eingegraben; mittendrin stand stattlich und blank ein schönes Haus, eingefaßt von einem prächtigen

Über die Berge hob sich die Sonne, le uchtete in klarer Majestät in ein freun dliches, aber enges Tal und weckte zu fröhlichem Leben die Geschöpfe, die geschaffen sind, an der Sonne ihres Le bens sich zu freuen. Aus vergoldetem Waldessaume schmetterte die Amsel ihr Morgenlied, zwischen funkelnden Blumen in perlendem Grase tönte der sehnsüchtigen Wachtel eintönend Mi nnelied, über dunkeln Tannen tanzten brünstige Krähen ihren Hochzeitsrei gen oder krächzten zärtliche Wiegen lieder über die Bettchen ihrer ungefi ederten Jungen. In der Mitte der sonn

Über die Berge hob sich die Sonne, leuchtete in klarer M ajestät in ein freundliches ab er enges Tal und weckte zu f röhlichem Leben die Geschö pfe, die geschaffen sind, an d er Sonne ihres Lebens sich zu freuen. Aus vergoldetem Wa ldessaume schmetterte die A msel ihr Morgenlied, zwisch

Über die Berge hob sich die Sonne, leuchtete in klarer Majestät in ein freundliches, aber enges Tal und weckte zu fröhlichem Leben die Gesch öpfe, die geschaffen sind, an der Sonne ihres Le bens sich zu freuen. Aus vergoldetem Waldessa ume schmetterte die Amsel ihr Morgenlied, zwi

Über die Berge hob sich die Sonne, le uchtete in klarer Majestät in ein freun dliches, aber enges Tal und weckte zu fröhlichem Leben die Geschöpfe, die geschaffen sind, an der Sonne ihres Le bens sich zu freuen. Aus vergoldetem

Über die Berge hob sich die Sonne, leuchtete in klarer M ajestät in ein freundliches, a ber enges Tal und weckte zu fröhlichem Leben die Gesch

1
Sabon-Antiqua von Jan Tschichold, 1967.
2
Gill von Eric Gill, 1928.

Typografie

Bis zur Einführung des Fotosatzes wurden die Proportionen der verschiedenen Größen (Grade) einer Schrift vom Schriftentwerfer bestimmt. Er musste sich auf wenige, gut proportionierte Größen beschränken.
Das hatte den Vorteil, dass auch ungeübte Anwender die richtigen Schriftgrößenunterschiede trafen.
Im elektronischen Satz sind heute alle Abstufungen möglich. Dies setzt voraus, dass der Anwender über die Proportionen der Gradabstufungen richtig entscheidet.

1
Sabon-Antiqua
Als sich das Ende der Bleisatzära bereits abzeichnete, wurde ein alter Wunsch der Schriftanwender verwirklicht: eine in Handsatz, Einzelbuchstaben- und Zeilensetzmaschinen identische Schrift. In der Sabon-Schriftprobe von Kurt Weidemann und Erich Schulz-Anker sind die überlegten Proportionen der verschiedenen Schriftgrade sichtbar.

2
Gill
In der Gill-Schriftprobe von Emil Ruder sind die Gradabstufungen und auch die verschiedenen Satzbreiten gut proportioniert.

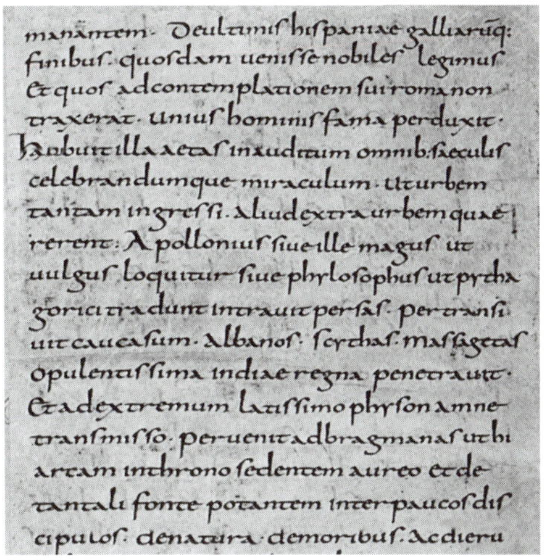

Amen dico vobis, ego ſum vitis vera, &
ter meus agricola eſt. Omnem palmite
me non ferentem fructum, tollit : &
nem qui fert fructum, purgat: vt copio
rem afferat. Manete in me, & ego in vob
Iamvos mundi eſtis propter ſermonem

honorem contingerent. Nunc te fili
docebo, quo pacto mores animi tui
Igitur mea præcepta ita legito, vt in
gere enim, & non intelligere, neglig
vt hoc loco, interdum ſignificat auſcultare.
accipiunt, ſed duabus dictionibus frequenter

quod egredit

quibus pe

1
Capitalis monumentalis, Ravenna, 1. Jh. n. Chr.
3
Große Ober- und Unterlängen,
François Guyot, um 1535.
5
Drei verschieden lange Ober- und Unterlängen,
Trinité, Bram de Does, 1978.

2
Karolingische Minuskel, Tours, 9. Jh.
4
Kleine Ober- und Unterlängen, Joos Lambrecht,
1536, und Hendrik von den Keere, etwa 1570.

Schrift

Die Grundformen des lateinischen Alphabets haben sich seit ihrer Erfindung nicht verändert.
Die Großbuchstaben sollten nicht weit von ihrem Vorbild, der römischen Kapitalschrift, abweichen.
Das Vorbild für die Gemeinen ist die humanistische Minuskel.
Maßgebend für die Beurteilung der formalen Qualitäten sind daher nicht Messgeräte, sondern
allein das gesunde menschliche Augenmaß.

1
Römische Kapitalschrift
Ausgehend von den geometrischen Grundformen Kreis, Quadrat und Dreieck sind die Senkrechte, die Schräge, die Gegenschräge und verschieden große Kreisbögen die Elemente, aus denen die Buchstaben bestehen.

2
Karolingische Minuskel
In der flüssig geschriebenen Carolina trägt neben den deutlich ausgebildeten Einzelformen auch das lichte Gesamtbild zu ihrer guten Lesbarkeit bei.

3, 4
Ober- und Unterlängen
Bis ungefähr 1520 betrugen die Ober- und Unterlängen etwa das 1,75fache der Mittellänge. Längere Grundstriche mit doppelter Mittellänge wurden ferner zur Zeit Garamonds verwendet, manchmal nur in den größeren Schriftgraden. Um 1540 begann Joos Lambert für kleine Schriftgrade kurze Ober- und Unterlängen von 1,5facher Mittellänge zu verwenden. 1570 tat Henrik van den Keere dasselbe in den großen Schriftgraden.

5
Trinité von Bram de Does
Zu den drei unterschiedlich langen Ober- und Unterlängen gesellt sich noch eine vierte Variante mit gebogenen Oberlängen bzw. der Unterlänge p.

Format

Das Papierformat hat einen proportionalen Aufbau (das Verhältnis von Basis zu Höhe). Besonders beim Rechteck entstehen Proportionen von der kurzen zur langen Seite. Bei allgemeinen Gebrauchsdrucksachen (Akzidenzen, Prospekten usw.) gibt es grundsätzlich vier Möglichkeiten, das Papierformat zu bestimmen. Wir unterscheiden zwischen quadratischem, hochrechteckigem und querrechteckigem Format. Wenn das Verhältnis der Breite zur Höhe (oder umgekehrt) 1: 2 oder mehr ist, spricht man vom Schmalformat. Es gibt auch die freien Formen wie Kreise, Ovale oder Dreiecke.

Beim Buch und anderen gebundenen Drucksachen kommen noch andere Überlegungen (Dicke, Umfang, Gewicht, Art) dazu. Bücher, die für fortlaufendes und längeres Lesen bestimmt sind, sollen schlank, handlich und leicht sein; Bücher, die für Information und Dokumentation gedacht sind (mit Bildern, Tabellen usw.), die man auf den Tisch legt, dürfen breit und schwer sein.

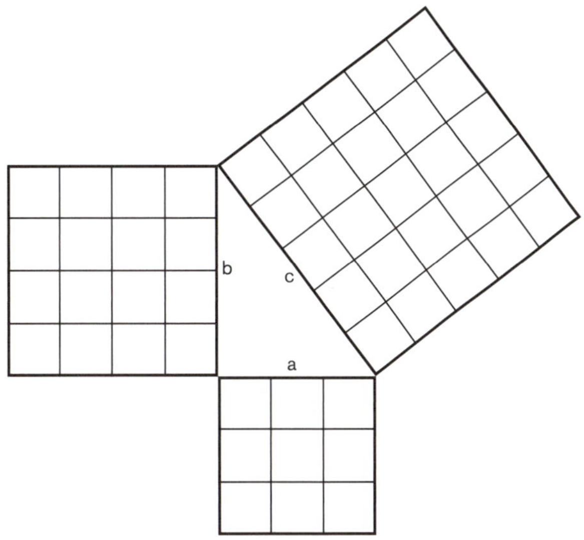

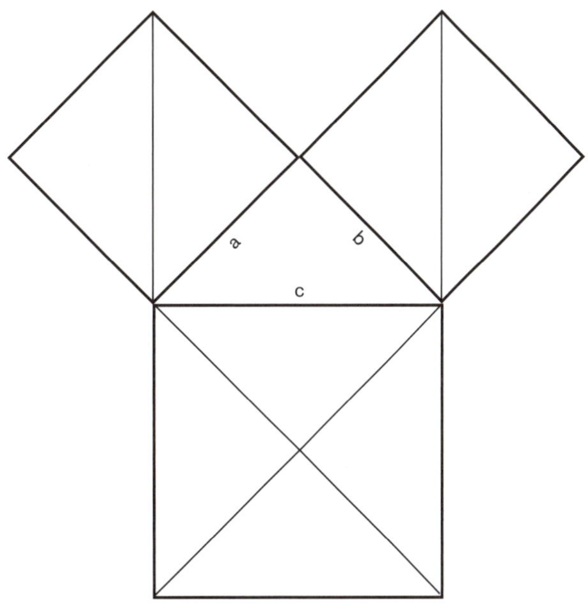

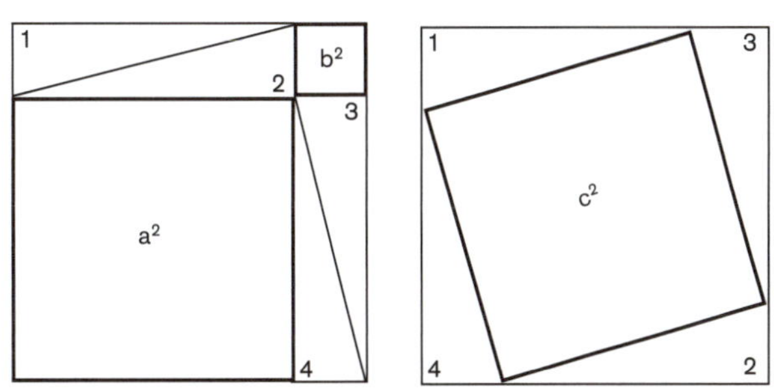

1
2
3

Pythagoräischer Lehrsatz
Im rechtwinkligen Dreieck ist das Quadrat über der Hypothenuse* gleich der Summe der Kathetenquadrate**.

1
Die Gleichung lautet: $a^2 + b^2 = c^2$ oder $c^2 - a^2$ oder $c^2 - a^2 = b^2$.
Der Pythagoräische Lehrsatz wird verständlich, wenn wir das sogenannte ägyptische Dreieck mit den Seitengrössen 3 (9 Felder), 4 (16 Felder) und 5 (25 Felder) zugrunde legen: $a^2 + b^2 = c^2$; $c = \sqrt{a^2} + \sqrt{b^2}$ oder $3^2 + 4^2 = 5^2$; $5 = \sqrt{3^2} + \sqrt{4^2} = \sqrt{9 + 16} = \sqrt{25} = 5$.

2
Beim gleichschenklig-rechtwinkligen Dreieck wird der Pythagoräische Lehrsatz optisch leicht fassbar.

3
Aber auch beim ungleichseitg-rechtwinkligen Dreieck werden die Beziehungen deutlich: 4 Dreiecke + $a^2 + b^2 = c^2$

Hypothenuse*
im rechwinkligen Dreieck die dem rechten Winkel gegenüberliegende Seite.
Kathetenquadrate**
eine der beiden Seiten, die die Schenkel des rechten Winkels eines Dreiecks bilden.

Weitere Anregungen zum Thema Proportion in der Broschüre:
Hans Rudolf Bosshard
Proportion
Kunstgewerbeschule Zürich

Wurzelformate

Aufgrund des Pythagoräischen Lehrsatzes kann eine Reihe von Formaten gebildet werden, die sich durch fortlaufende Wurzelzahlen bezeichnen lassen.

1
Ausgangsquadrat mit der Proportion 1:1

2
Der Bogen über der Diagonale ergibt die Proportion $1:\sqrt{2}$

3
Jeder weitere Bogenschlag ergibt die nächste Bogenproportion: $1:\sqrt{1}$, $1:\sqrt{2}$, $1:\sqrt{3}$, $1:\sqrt{4}$, (2 Quadrate), $1:\sqrt{5}$, $1:\sqrt{6}$, $1:\sqrt{7}$, $1:\sqrt{8}$, $1:\sqrt{9}$, (3 Quadrate).

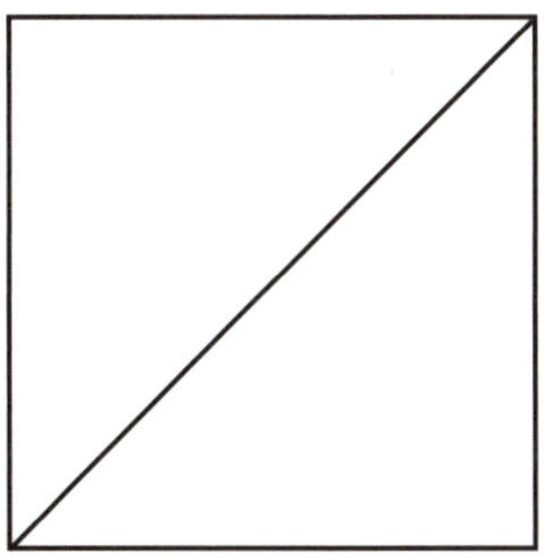

1

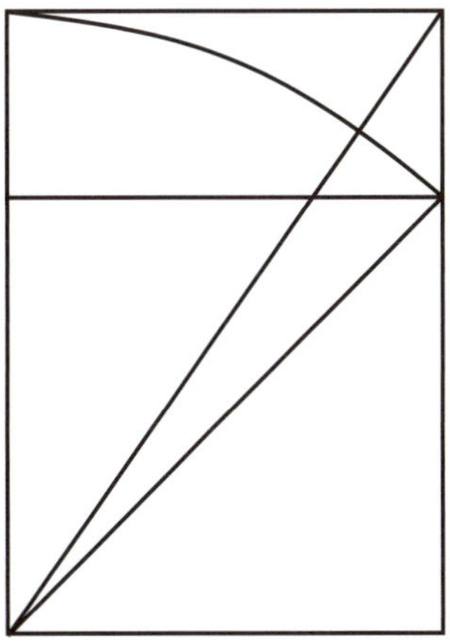

2

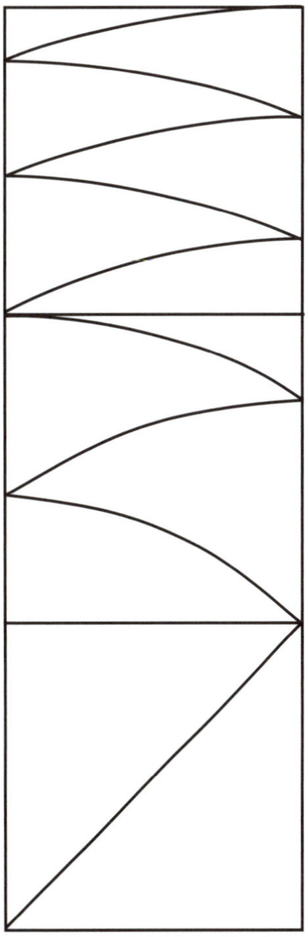

3

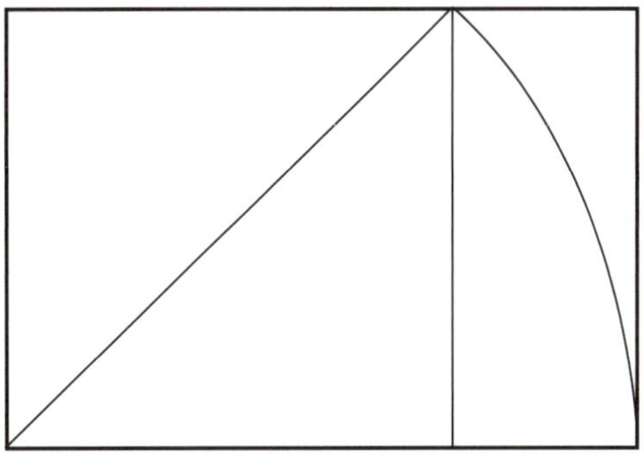

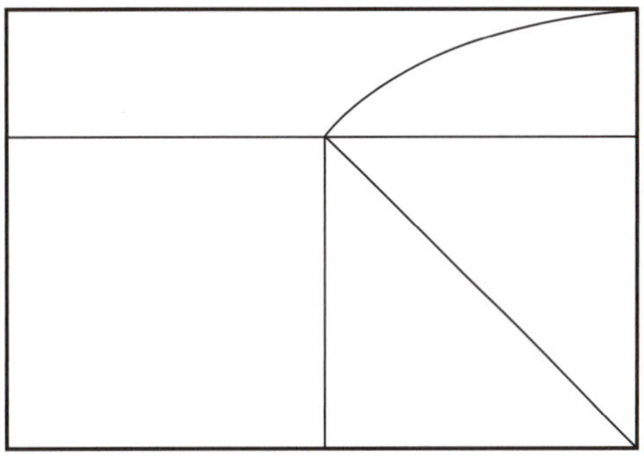

Irrationale Proportionen
Zahlen, die sich weder durch ganze Zahlen noch durch die Brüche ganzer Zahlen darstellen lassen.
Irrationale Zahlen können nur in unendlichen Dezimalzahlen ausgedrückt werden.

Normalformat
Die Normalformatrechtecke haben die Proportion 1:2 = 1:1,141 oder gerundet 5:7. Diese Proportion entspricht dem Verhältnis der Quadratseite zur Quadratdiagonalen.
Die Konstruktion des Normalformates A0 geht vom Quadrat mit 1 m² Flächeninhalt aus, was bei der Seitenproportion von 1:1,414 das Format (Rechteck) von 841 x 1189 mm ergibt.
Papierformate mit dieser Proportion können fortlaufend durch Falzen an ihrer längeren Seite halbiert werden, wobei sie ihre Proportion behalten und dabei immer das nächstkleinere A-Format bilden.

Masse der A-Format-Reihe

A0	841 x	1189	mm
A1	594 x	841	mm
A2	420 x	594	mm
A3	297 x	420	mm
A4	210 x	297	mm
A5	148 x	210	mm
A6	105 x	148	mm
A7	74 x	105	mm
A8	52 x	74	mm
A9	37 x	52	mm

1
Konstruktion der Proportion des Normalformats auf der Basis der längeren Seite (1,414).
2
Konstruktion der Proportion des Normalformats auf der Basis der kürzeren Seite (1).

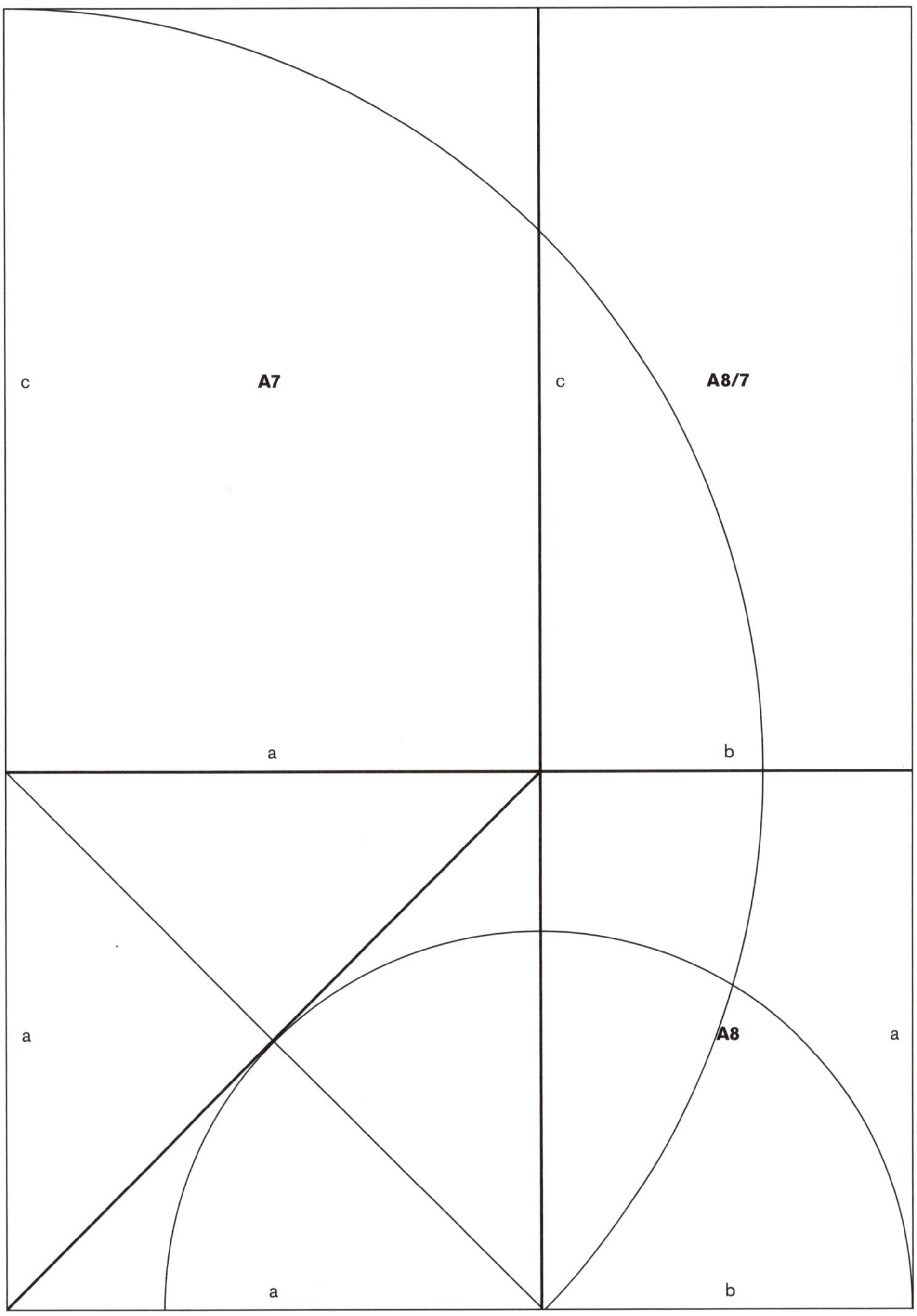

Konstruktion von A7, A8 und A8/7

Vom Ausgangspunkt mit der Seite a = 74 mm nehmen wir die Diagonale, um das Format A7 mit den Seiten a = 74 mm und c = 105 mm zu erhalten.

Wir nehmen die Halbdiagonale, um das Format A8 mit den Seiten a = 74 mm und b = 52 mm zu erhalten. Die kleinere Seite von A8 und die größere von A7 ergeben das Format A8/7 mit den Seiten b = 52 mm und c = 105 mm, also ein Doppelquadrat.

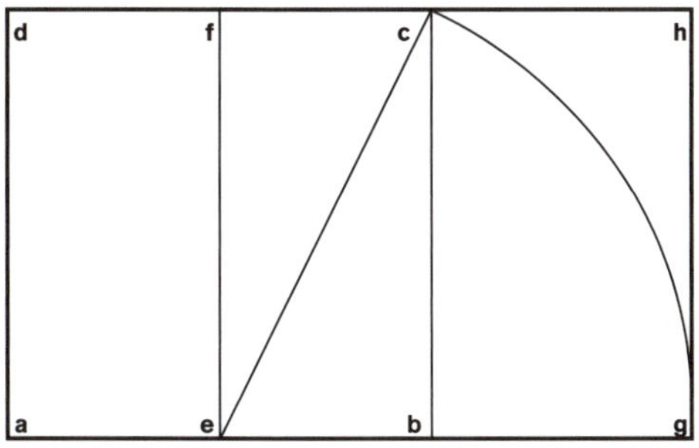

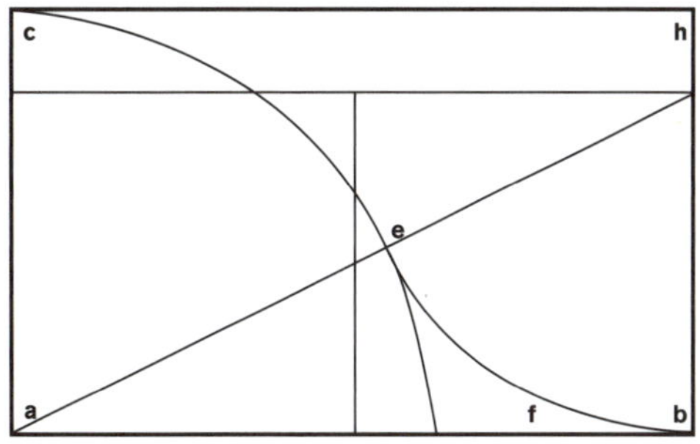

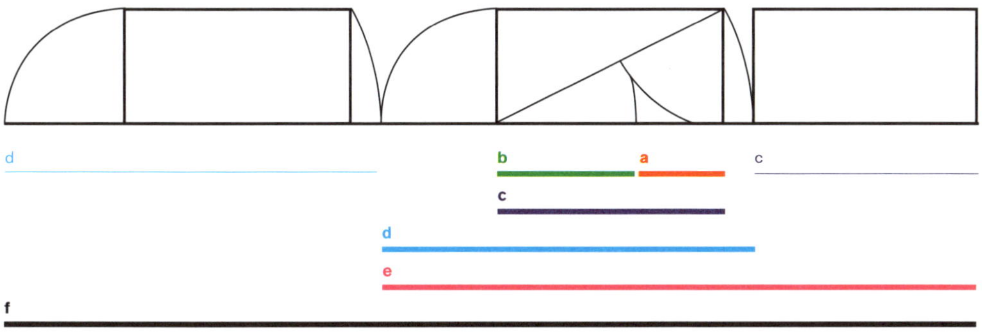

1
Vergrößerung der Goldenen-Schnitt-Proportion (die kürzere Seite ist gegeben)
AD : AG = 1:1,618.

2
Verkleinerung der Goldenen-Schnitt-Proportion (die längere Seite ist gegeben)
AB : AH = 1:0,618.

3
Konstruktion der algebraischen Gleichungen im Goldenen Schnitt.

Goldener Schnitt
Die entsprechende allgemein bekannte Definition des Goldenen Schnittes ist: «Die Teilung einer Strecke (oder eines Maßes) in zwei Abschnitte, deren kleinerer sich zum größeren gleich verhält wie der größere Abschnitt zur ganzen Strecke.»

Die algebraischen Gleichungen im Goldenen Schnitt lauten:
a + b = c
b + c = d
c + d = e
d + e = f und so weiter.

Der Verhältniswert zweier aufeinanderfolgender Glieder der Zahlenreihe a, b, c, d, e, f und so weiter ist entweder 1,618 oder 0,618. Das bedeutet, daß jede Zahl mit 1,618 multipliziert werden kann, um die nächst größere zu erhalten, und daß jede Zahl mit 0,618 multipliziert werden kann, um die nächst kleinere zu erhalten.

Die Grobzahlen des GS lauten:
1 : 2 : 3 : 5 : 8 :13 :21 : 34 usf. wobei das GS Verhältnis erst ab 3:5 stimmt.

Die Proportion des GS in geraden gerundeten und genauen Zahlen:

1: 1	0,618 : 1
1: 2	1,236 : 2
2: 3	1,854 : 3
3: 5	3,09 : 5
5: 8	4,944 : 8
8: 13	8,034 : 13
13: 21	12,978 : 21
21 : 34	21,012 : 34

Modulor
Eines der eindrucksvollsten theoretischen Werke der neueren Zeit, das sich mit Dimension und Proportion im Zusammenhang mit dem menschlichen Körpermaß befaßt, ist der Modulor von Le Corbusier. Nach vielen Versuchen wurde ein sechs Fuß hoher Mensch als Grundlage genommen:
1 Fuß = 30,48 cm,
6 Fuß = 182,88 cm = 183 cm

Da wir uns zur Zeit den Kopf zerbrechen über unsere Versorgungsquellen, über die Erschöpfung der natürlichen Energien, müssten wir auch den Empfindungsverlust in Betracht ziehen, den wir erleiden. Die Phänomene, die uns den Blick auf die Welt verstellen, berauben uns auch der Energiequellen: Unsere relative Blindheit verbirgt uns unschätzbare Informationsquellen. Wir müssten den Blick ändern, um überleben zu können; wie wir das Leben verändern müssten, um zu überdauern.

Beurteile die Textgruppen und schreibe auf, was du in Bezug auf die Proportionen in den Schriften siehst.
Wie verhalten sich die Schriftgröße, der Zeilenabstand und die Laufweite dieser drei Texte zueinander?

Text von Paul Virillo:
Der negative Horizont, 1989.

Da wir uns zur Zeit den Kopf zerbrechen über unsere Versorgungsquellen, über die Erschöpfung der natürlichen Energien, müssten wir auch den Empfindungsverlust in Betracht ziehen, den wir erleiden. Die Phänomene, die uns den Blick auf die Welt verstellen, berauben uns auch der Energiequellen: Unsere relative Blindheit verbirgt uns unschätzbare Informationsquellen. Wir müssten den Blick ändern, um überleben zu können; wie wir das Leben verändern müssten, um zu überdauern.

Da wir uns zur Zeit den Kopf zerbrechen über unsere Versorgungsquellen, über die Erschöpfung der natürlichen Energien, müssten wir auch den Empfindungsverlust in Betracht ziehen, den wir erleiden. Die Phänomene, die uns den Blick auf die Welt verstellen, berauben uns auch der Energiequellen: Unsere relative Blindheit verbirgt uns unschätzbare Informationsquellen. Wir müssten den Blick ändern, um überleben zu können; wie wir das Leben verändern müssten, um zu überdauern.

1
Futura Regular, 13 DTP-Punkt,
Zeilenabstand 17 DTP-Punkt, Laufweite 0.
2
Avant Garde Book, 13 DTP-Punkt,
Zeilenabstand 17 DTP-Punkt, Laufweite 0.
3
Univers BQ 55 Regular, 13 DTP-Punkt,
Zeilenabstand 17 DTP-Punkt, Laufweite –1.

Beurteile die Textgruppen und schreibe auf, was du in Bezug auf die Proportionen in den Schriften siehst.
Wie verhalten sich die Schriftgröße, der Zeilenabstand und die Laufweite der drei Texte zueinander?

Da wir uns zur Zeit den Kopf zerbrechen über unsere Versorgungsquellen, über die Erschöpfung der natürlichen Energien, müssten wir auch den Empfindungsverlust in Betracht ziehen, den wir erleiden. Die Phänomene, die uns den Blick auf die Welt verstellen, berauben uns auch der Energiequellen: Unsere relative Blindheit verbirgt uns unschätzbare Informationsquellen. Wir müssten den Blick ändern, um überleben zu können; wie wir das Leben verändern müssten, um zu überdauern.

Da wir uns zur Zeit den Kopf zerbrechen über unsere Versorgungsquellen, über die Erschöpfung der natürlichen Energien, müssten wir auch den Empfindungsverlust in Betracht ziehen, den wir erleiden. Die Phänomene, die uns den Blick auf die Welt verstellen, berauben uns auch der Energiequellen: Unsere relative Blindheit verbirgt uns unschätzbare Informationsquellen. Wir müssten den Blick ändern, um überleben zu können; wie wir das Leben verändern müssten, um zu überdauern.

Da wir uns zur Zeit den Kopf zerbrechen über unsere Versorgungsquellen, über die Erschöpfung der natürlichen Energien, müssten wir auch den Empfindungsverlust in Betracht ziehen, den wir erleiden. Die Phänomene, die uns den Blick auf die Welt verstellen, berauben uns auch der Energiequellen: Unsere relative Blindheit verbirgt uns unschätzbare Informationsquellen. Wir müssten den Blick ändern, um überleben zu können; wie wir das Leben verändern müssten, um zu überdauern.

1
Times Roman, 13 DTP-Punkt,
Zeilenabstand 17 DTP-Punkt, Laufweite 0.
2
Bembo Regular, 13 DTP-Punkt,
Zeilenabstand 17 DTP-Punkt, Laufweite 0.
3
Meridien Roman, 13 DTP-Punkt,
Zeilenabstand 17 DTP-Punkt, Laufweite 0.

Teile Quadrate mit einer, zwei und drei durchgehenden senkrechten Linien auf. Errechne die entstandenen Proportionen.

Unterteile Quadrate mit je einer, zwei und drei durchgehenden waagrechten und senkrechten Linien. Errechne die entstandenen Flächen und ihre Proportionen.

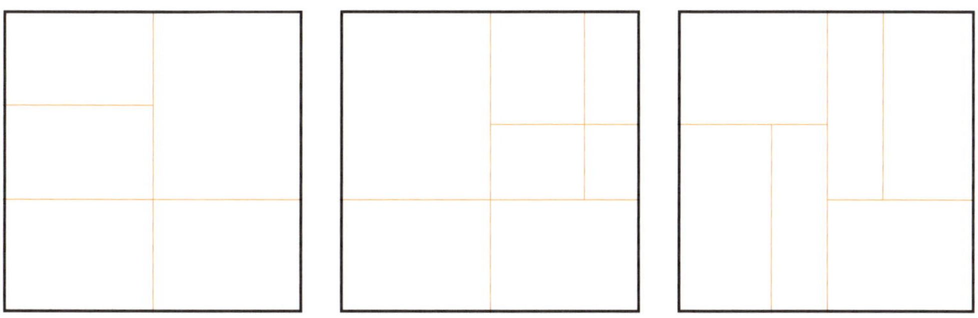

Unterteile Quadrate mit drei, vier und fünf (wahlweise waagrechten oder senkrechten) Linien (durchgehend oder nicht durchgehend) und errechne die entstandenen Flächen und ihre Proportionen.

Setze aus deinen Lieblingsschriften die Buchstaben Hlxp.
Berechne die Proportionen:
Mittellänge zur Oberlänge,
Mittellänge zur Unterlänge,
Mittellänge zur Gesamthöhe.

Der Begriff Punkt muss sehr weit gefasst werden. Alle flächigen Gebilde, die ein Zentrum besitzen und als abgeschlossene Form wahrgenommen werden, lassen sich als punktförmig bezeichnen.
Die Distanz vom Betrachter zum Gegenstand ist maßgebend dafür, ob wir den Gegenstand als Punkt identifizieren oder nicht. Befindet sich nichts Vergleichbares in der Nähe, zum Beispiel Pflanzen, so werden selbst groß erscheinende Gegenstände zum Punkt. Die Relativität ist deshalb eine doppelte: Erstens ist es die Distanz zum Betrachter und zweitens der Vergleich mit anderen Gegenständen. Im Ergebnis ist es immer die subjektive Kleinheit, die etwas Geschehenes punktartig macht.

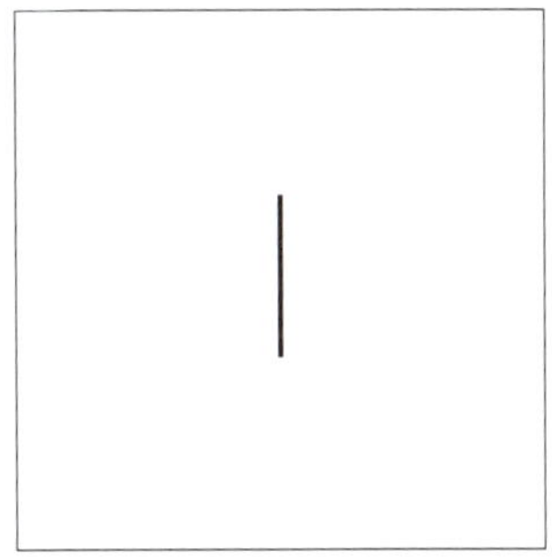

Der Punkt ist das Urelement des grafischen Gestaltens. Klee wie Kandinsky erklären, dass die Linie aus dem Punkt entstehe.
Klee: «Ich beginne da, wo die bildnerische Form überhaupt beginnt: beim Punkt, der sich in Bewegung setzt.»
Alles ist Bewegung: Der Punkt bewegt sich, und es entsteht die Linie, die Linie verschiebt sich zur Fläche, und beim Zusammenstoß der Flächen entsteht der Körper.

1
Der Punkt hat keine Bewegung.
Von allen Seiten her betrachtet behält er seine abgeschlossene Form.

2, 3
Die Linie hat im Gegensatz zum Punkt eine Ausdehnung.
Wenn wir das Blatt drehen, wird aus der senkrechten Linie eine Waagrechte und umgekehrt.
4
Je nach Distanz können wir die verschieden großen Punkte wahrnehmen oder nicht.

Natur, Kunst, Design, Architektur

In der Natur kommt das Anhäufen von Punkten oft vor. Diese Naturformen sind in Wirklichkeit dreidimensional. Im Gegensatz zum geometrischen Punkt, der nulldimensional ist. In der Kunst, im Design und in der Architektur sind Punkte in vielen Variationen anzutreffen.

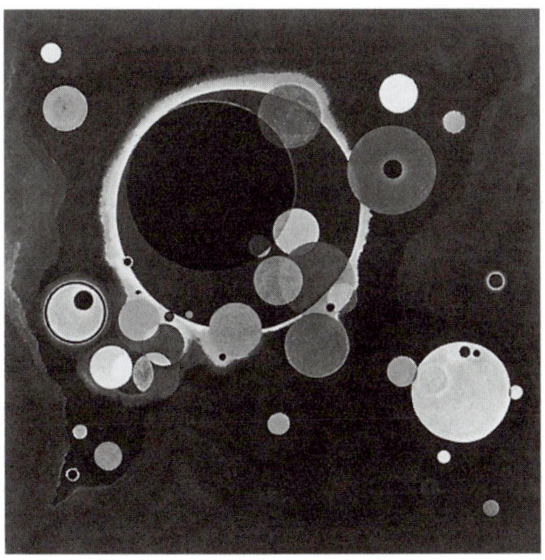

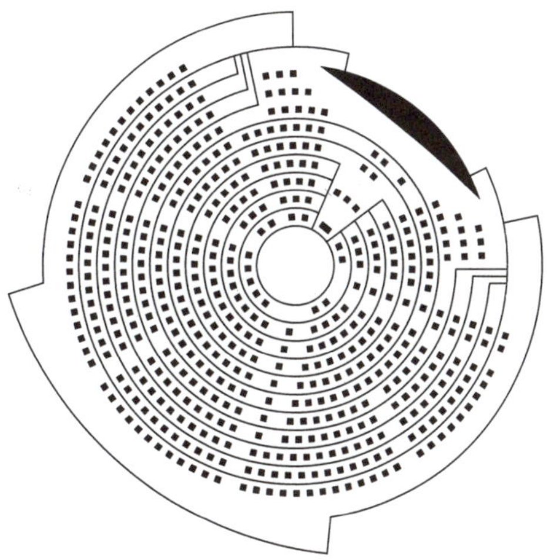

1
Hasenspur in der Natur.
2
Einige Kreise, Öl auf Leinwand, 1926.
Wassily Kandinsky.
New York, Guggenheim-Museum.

3
Zifferblatt im Deutschen Bundestag 1994, Bonn.
Stunden und Minuten werden durch unterschiedliche Punktgrößen signalisiert.
4
Grundriss des Plenarsaals.
Deutscher Bundestag in Bonn.

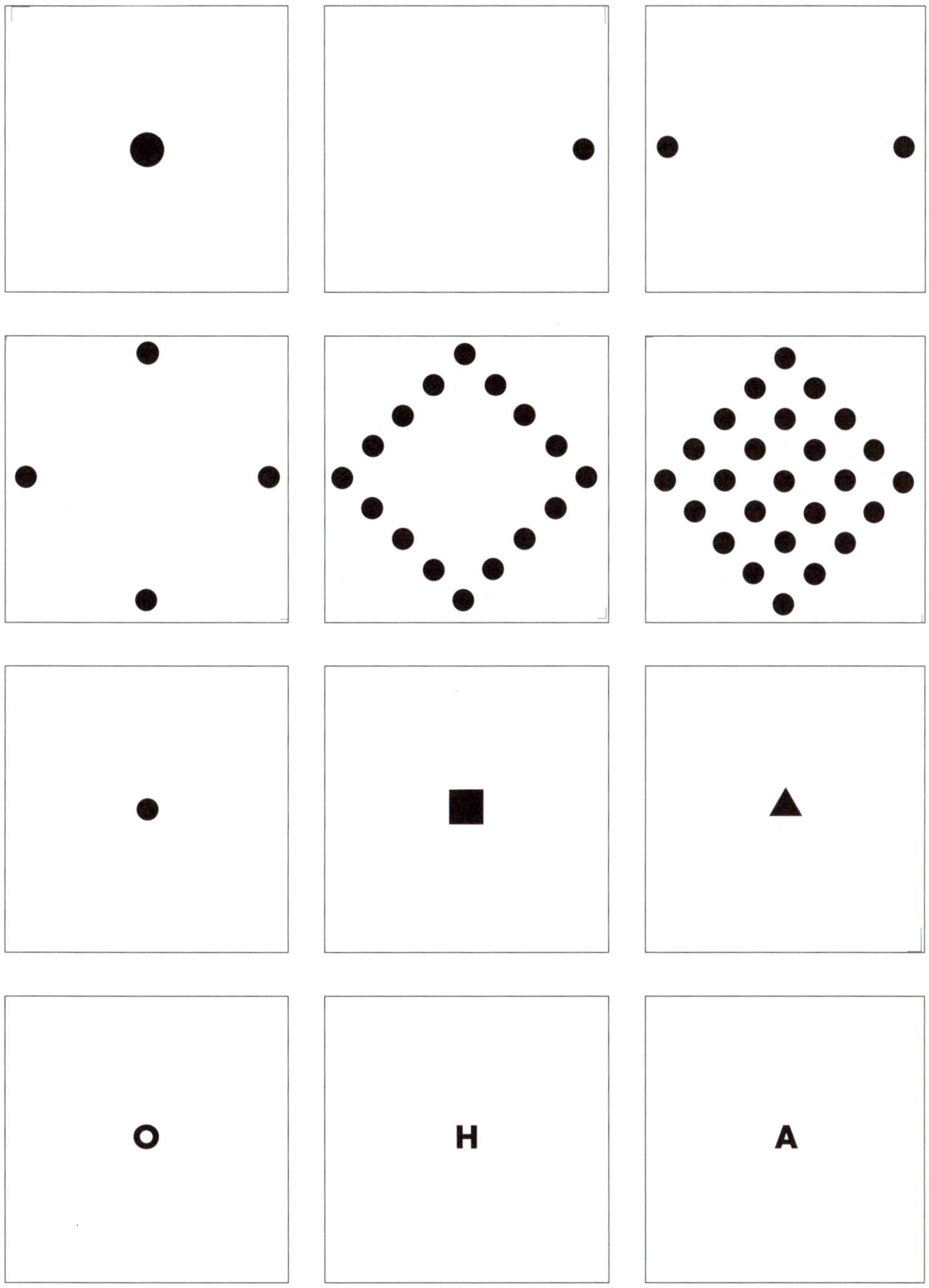

1 2 3
4 5 6
7 8 9
10 11 12

1
Der Punkt im Zentrum einer quadratischen Grundfläche erscheint als Ruhepunkt.

2
Der verschobene Punkt erzeugt Spannung.

3
Zwei Punkte stellen optisch und geistig eine Verbindung her; es entsteht eine imaginäre Linie.

4
Vier Punkte bilden ein imaginäres Quadrat.

5
Verdichtung des Quadrates.

6
Die Punkte schließen sich zu einer Fläche.

7
Aus dem runden Punkt entsteht der Kreis.

8
Aus dem viereckigen Punkt entsteht das Quadrat.

9
Aus dem dreieckigen Punkt entsteht das Dreieck.

10, 11, 12
Kreis, Quadrat und Dreieck bilden die Bausteine der Großbuchstaben.

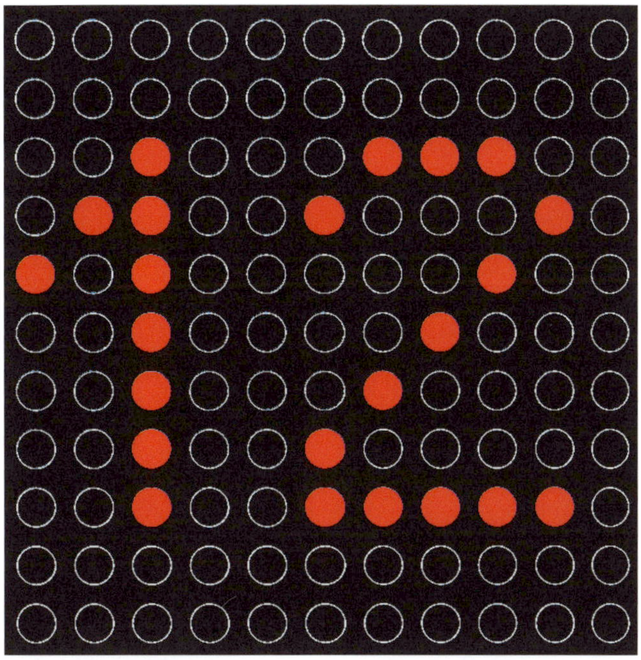

1
2 3 4

Buchstabe

Die Buchstaben und Ziffern sind punkthafte Elemente. Diese punkthaften Elemente bekommen eine innere Bedeutung, weil wir uns mit ihrer Hilfe verständigen können: Wir schreiben, lesen und kommunizieren mit ihnen. Buchstaben sind die Bausteine der Typografie. Setzen wir einen Buchstaben auf eine Fläche, beginnen seine Kräfte als Punkt sofort zu wirken. Die beiden Werte Punkt und Grundfläche sollen jedoch immer in Beziehung zueinander gebracht werden. Das Gestalten mit einer Vielzahl von Punkten (Buchstaben) ergibt eine reiche Auswahl an Formulierungen: einfache Reihungen, horizontal oder vertikal, Gruppenbildung, freie und gezielte Streuung, Massierung, Variabilität in der Größe usw. Aus den Buchstaben (punkthaft) entstehen das Wort und die Zeile (linear) und aus aus ihnen die Textgruppe (flächig).

1
Orientierungssystem Deutscher Bundestag, Bonn 1994.
Baumann & Baumann.
Im Verlauf eines Sitzungstages werden viele Themen angesprochen. Die roten Ziffern (Tagespunktanzeiger) orientieren über den Stand der Debatte.

2, 3, 4
Fensterscheiben Deutscher Bundestag, Bonn 1994.
Baumann & Baumann.

Ernst Jandl, Wiener, Denker, Schreiber, Sprecher.
Er gab die Erlaubnis, seine Laute, Wörter, Andeutungen, Umdeutungen für den Deutschen Bundestag zu benutzen, zu installieren, in einer anderen Leseart als sonst, an einem anderen Platz als gewöhnlich.

Typografie

1

Aus dem Buchtitel «Der Buchstabe G» geht nichts hervor, erst das Bild schafft Gedankenverbindungen, lässt erkennen, dass es sich um einen Roman handelt.

2

Schrift hat eine besondere Stellung in der menschlichen Sozialisation. Für Analphabeten ist sie schlicht ein Geheimnis. Wer aber lesen kann, könnte dazu neigen, Schrift für ein Phänomen zu halten.

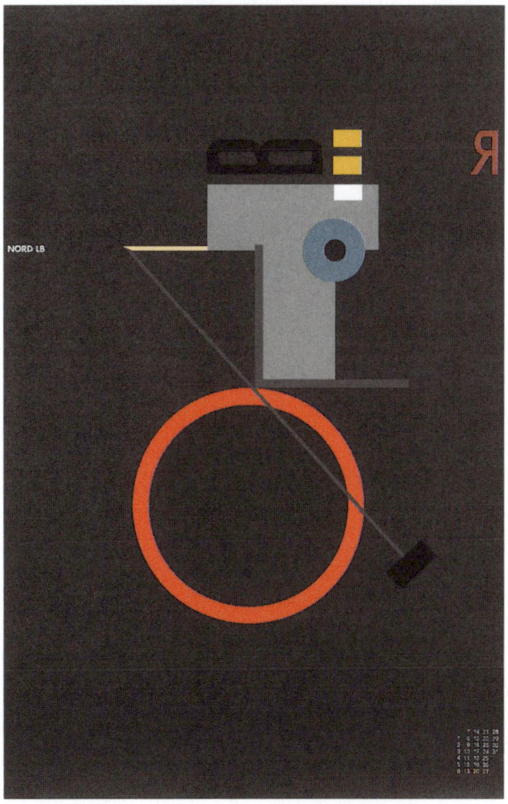

1
Der Buchstabe G, 1923.
John Heartfield.

2
Kalenderblatt für den Monat Oktober, 1991.
Norddeutsche Landesbank.
Nicolaus Ott und Bernhard Stein.

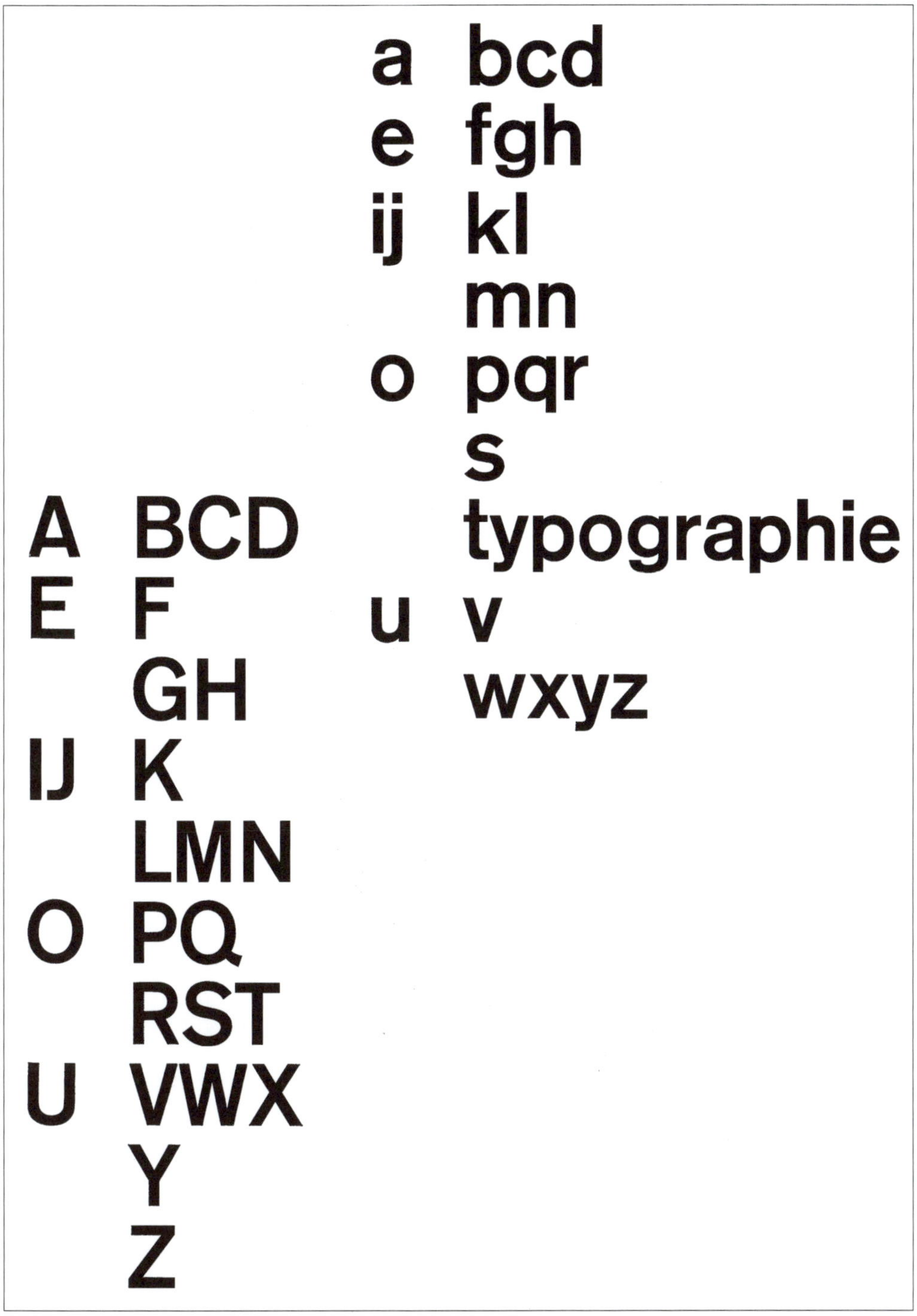

1
Plakat, 1960.
Robert Büchler.
50 Jahre Handsetzervereinigung Basel.

Wort

Die Buchstaben sind die Elementarteile der Schrift – und somit der Typografie. Bildliche Zeichen für Laute, die erst durch ihre Kombination Sinn und Gehalt bekommen. Das Aneinanderreihen von Buchstaben ergibt in jedem Fall ein Wortbild. Aber erst in einer bestimmten Reihenfolge ergeben die Schriftzeichen ein Wort mit einem Sinn. Wörter sind also Begriffsbilder, die, wiederum logisch-sinnvoll aneinandergereiht, eine Aussage ergeben.

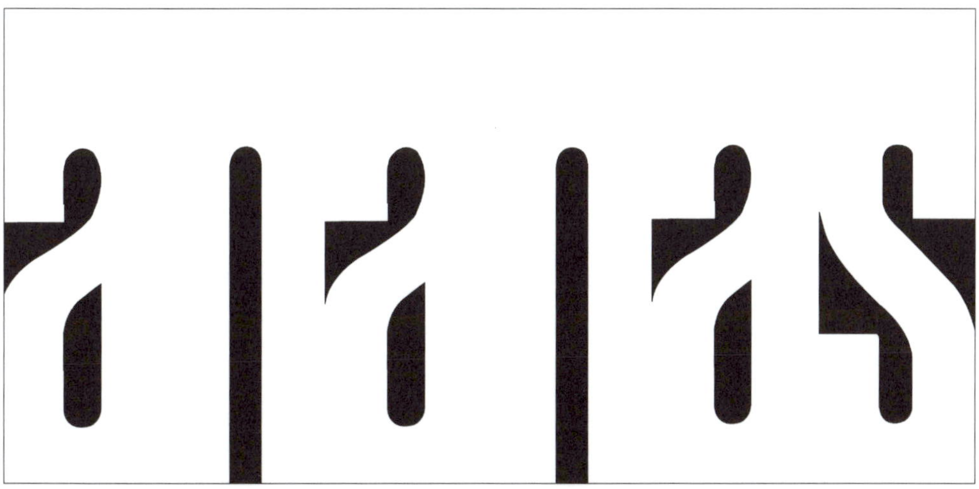

1
2
3 4

Innen und außen

Der weiße Innenraum (Punzen) eines Buchstabens ist an der Form des Buchstabens beteiligt. Das Unbedruckte ist nicht eine undefinierbare Leere, sondern ein Element des Bedruckten. Der bedruckte Wert bewirkt seinen Gegenwert, der die Gesamtform mitbestimmt. Das Zusammenstellen der Buchstaben beruht auf einem Spiel zwischen dem Weiß des Innenraumes und dem Weiß der Buchstabenabstände. Die typografischen Zeichen, auf weißes Papier gedruckt, fassen, aktivieren und regulieren Licht. Sie sind zusammen mit dem Unbedruckten lesbar.

1
Das Wort «ananas» mit sich berührenden Buchstaben (ohne Vor- und Nachbreite) macht die weißen Innenräume des Buchstabens sichtbar.
2
Das gleiche Wort negativ.
3
Tragtasche 1995.
Sherif Ademi,
Typograf, 2. Lehrjahr.
4
Tragtasche, 1995.
Peter Salzmann.

Suche in Drucksachen Beispiele zum Punkt aus der Natur, Kunst und Architektur.

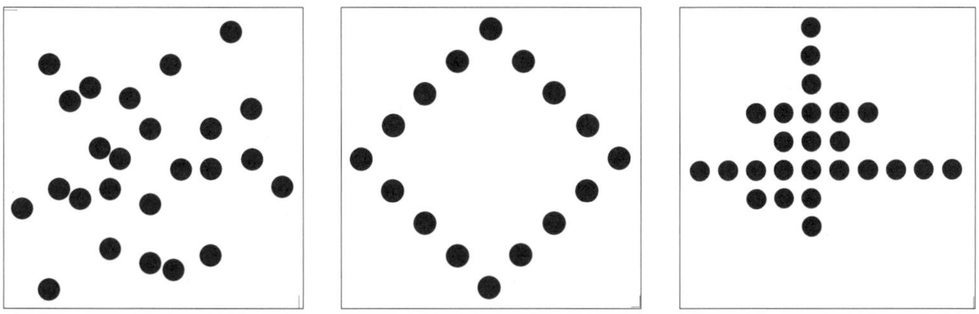

Ordne eine selbst bestimmte Anzahl Punkte auf einer quadratischen Fläche in einen Zusammenhang. Die Punkte können gleich groß, aber auch verschieden groß sein.

Wähle ein Wort aus.
Setze die Buchstaben ohne Vor- und Nachbreite an- einander.
Mache die Innenräume (Punzen) der Buchstaben schwarz.
Stelle dieses Wort wird in ein schwarzes Quadrat.
Bestimme aus diesem Wort einen Ausschnitt und ver- größere ihn.
Das Innere und das Äussere können verschieden farbig ge- macht werden.

Die Linie entsteht aus der Bewegung des Punktes.
Setzt man einen Bleistift auf dem Papier in Bewegung, entsteht eine Linie. Im Gegensatz zum Punkt, der an eine Mitte gebunden ist, hat die Linie dynamischen Charakter. Die knappste Form ist die Gerade. Als Senkrechte wirkt sie aktiv und leicht. Als Waagrechte wirkt sie passiv und schwer.
Eine gebogene Linie hat das Merkmal des Endlichen. Ist die gebogene Linie geschlossen, entsteht ein Kreis, er ist in sich selbst geschlossen. So entsteht ein Inneres und ein Äußeres. Eine Spirale ist die Verbindung von innen nach außen.
Die Linie verbindet, gliedert, trägt, stützt, hält zusammen, schirmt ab, Linien kreuzen und verzweigen sich.

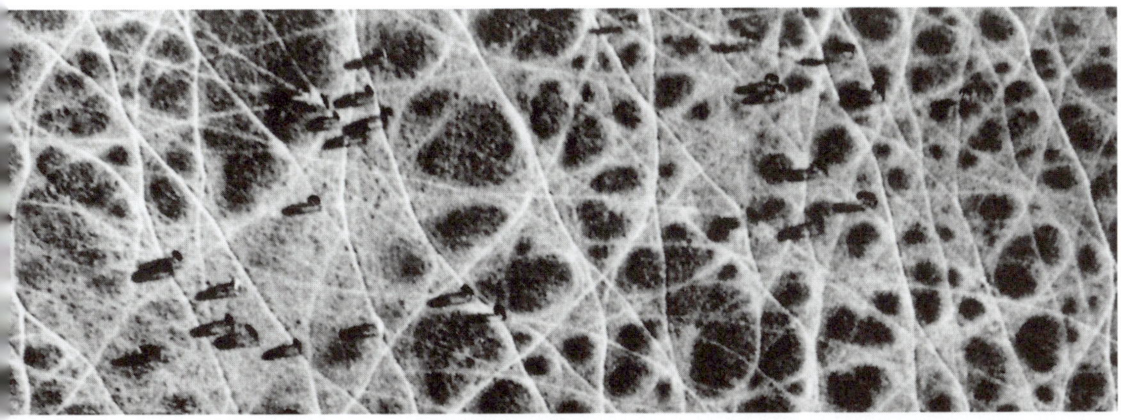

1
2
3

Natur

Formen in der Natur können wir wahrnehmen, weil sie durch Linien abgegrenzt werden. Selbst der menschliche Körper wird vom linearen Bau der Knochen geformt.

1
Jahrringe im Baumstamm
Sie ergeben sich durch den jährlichen Dickenzuwachs im Holzkörper von Baumstämmen und sind im Querschnitt als konzentrische Linien erkennbar.

2
Trampelpfade
Vor der Erfindung der Strassen: Trampelpfade von Pferd, Rind, Schaf und Ziege in der mesopotamischen Tiefebene, Irak.

3
Tremola am Gotthard
Zu den großen Meisterwerken im schweizerischen Straßenbau gehören die Kehren der alten Paßstraße (Tremola) am Gotthard.

1
2 3

Natur, Architektur

1
Die Verdunstungsspirale
El Caracol, bei Mexico City. Hier konzentriert die Sodafabrik von Texcoco mit Hilfe von Sonnenschein die aus dem Untergrund geförderte Sole. Diese legt, dem Gefälle folgend, die 32 Kilometer bis in den Mittelpunkt der Spirale in etwa einem halben Jahr zurück.

2
Haus über dem Wasserfall
Der Architekt Frank Lloyd Wright baute 1939 dieses Haus. Er war der Begründer der «organischen Architektur». Er strebte eine Einheit von Landschaft und Klima an. Die übereinanderliegenden Körper mit waagrechter, linearer Betonung ruhen auf Stahlbetonplatten über dem natürlich fließenden Wasser.

Kunst

3
Tube Supported by Its Contents, 1985
(Auf ihren Inhalt gestützteTube) Claes Oldenburg ist ein Meister der Objektkunst. Er verfremdet die Gegenwartswelt durch die Umkehrung der Materialien (hart zu weich oder umgekehrt): die weiche, geschwungene Linie hält die harte, schwebende Tube.

1
Linien ohne Ordnung: keine horizontalen, keine vertikalen, keine gleich langen Linien, nur gerade Linien.

2
Einfacher Ordnungsversuch: acht Linien, die durch das Zentrum der Fläche gehen.

3
Die vertikale, aktive Linie.

4
Die horizontale, passive Linie.

5
Vertikale und horizontale Linie als größter Gegensatz.

6
Zwei Linien ohne Gegensatz, kalte und warme Linien.

7
Eine Fläche, durch Linien in vier gleiche Teile geteilt.

8
Die entspannte Linie steht im Gegensatz zur typografischen Linie (gerade, vertikal und horizontal).

9
Zickzacklinien sind hart, bizarr und in starkem Gegensatz zu Wellenlinien.

10
Kreisförmige, unendliche Linie.

11
Die Spirale ist eine offene Linie. Sie hat starke Bewegungstendenz nach innen oder nach außen.

12
Die Schriftzeile als Linienelement.

1	2	3
4	5	6
7	8	9
10	11	12

1 2 3
4 5 6
7

Zeile

Durch die Aneinanderreihung von Buchstaben zu Wörtern entsteht die Zeile mit linearer Wirkung.
Die Stellung einer Zeile auf der Fläche ist eine elementare typografische Aufgabe. Durch die Schriftstärke und die Schriftgröße kann die Aussagekraft einer Schriftzeile erhöht werden.

1
Eine optisch auf die Mitte gestellte horizontale Zeile ergibt absolute Ruhe.

2
Die proportional auf die Fläche gestellte Schriftzeile ergibt einen Kontrast zweier weißer Räume.

3
Die senkrechte, aktive Zeile wirkt trotz ihrer Stellung auf Mittelachse als Element der Unruhe.

4
Die extrem an den Rand gestellte Zeile wirkt äußerst aktiv.

5
Zwei Zeilen im Kontrast waagrecht–senkrecht.

6
Eine fette Zeile hat, besonders im Gegensatz zu mageren Zeilen, erhöhte Wirkung.

7
Je größer der Schriftgrad und das Format, um so größer die Wirkung.

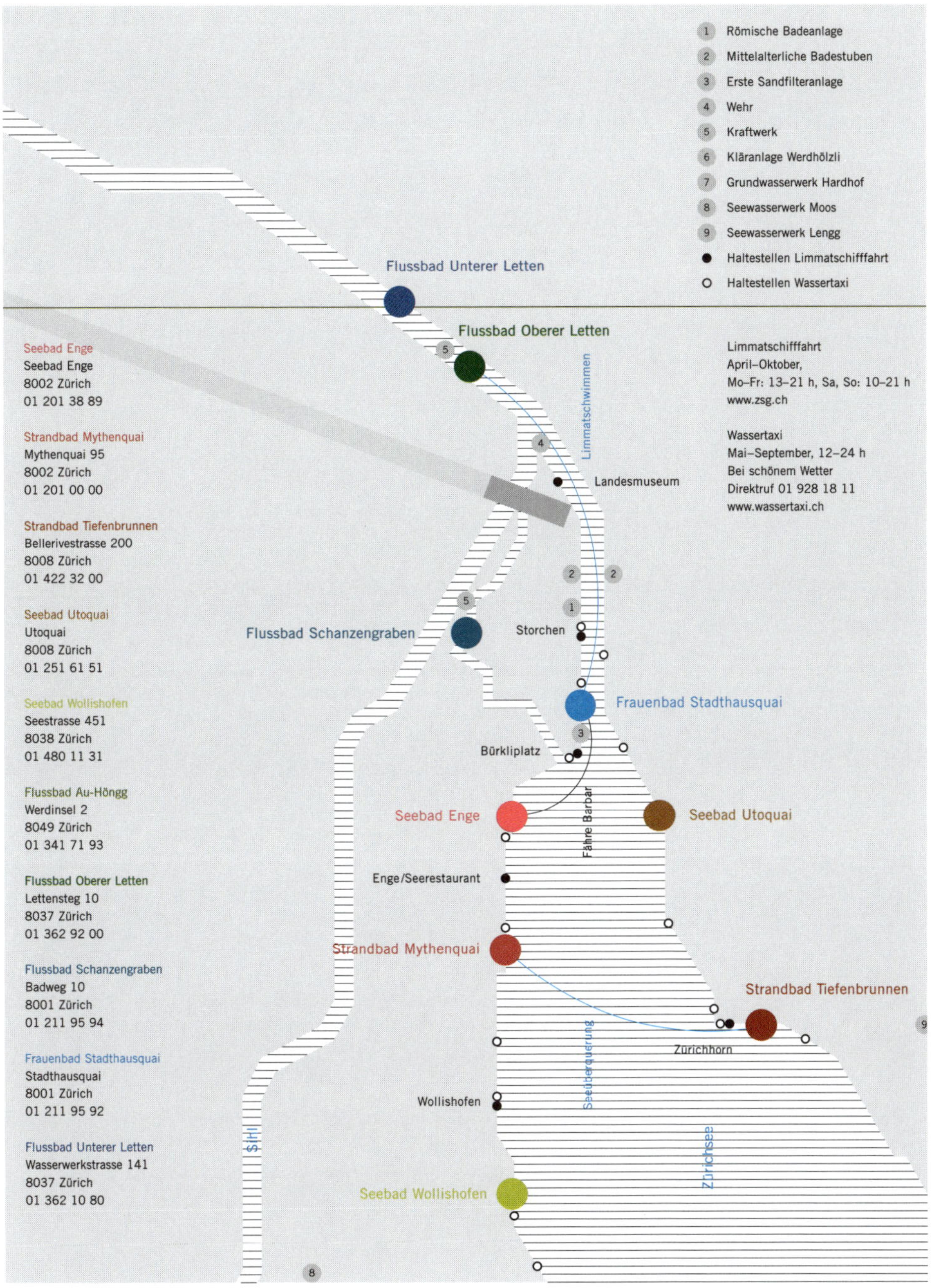

Typografie

1

In dieser grafischen Darstellung wird der Zürichsee und der Fluss in Form von Linien gezeigt.
Die farbigen Punkte dienen sowohl als Orientierung als auch für eine nähere Beschreibung der Seebäder.

1
Eine Seite aus:
«Vom Letten bis Rimini».
Verlag HIER + JETZT, 2004
Gestalter Thomas Brugisser

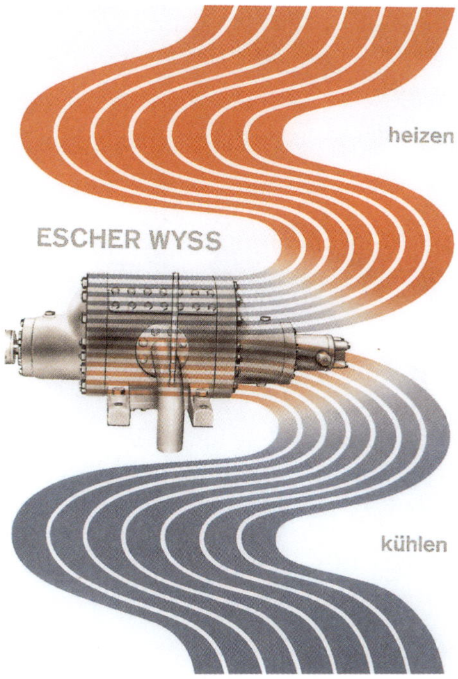

Typografie
In den Beispielen dieser Seite sind die Linien als gestalterisches Element eingesetzt. Obwohl die Linien ordnen und führen, ist dies nicht ihre alleinige Funktion.

1
Broschürentitel, 1948.
Richard Paul Lohse.
2
Plakat, 2002.
Orchestre philharmonique de Strasbourg.
Catherine Zask.

3
Buchumschlag, Reprint 1994.
Verlag Lars Müller.
4
Plakat, 2001.
Le Chant des balles.
Catherine Zask.

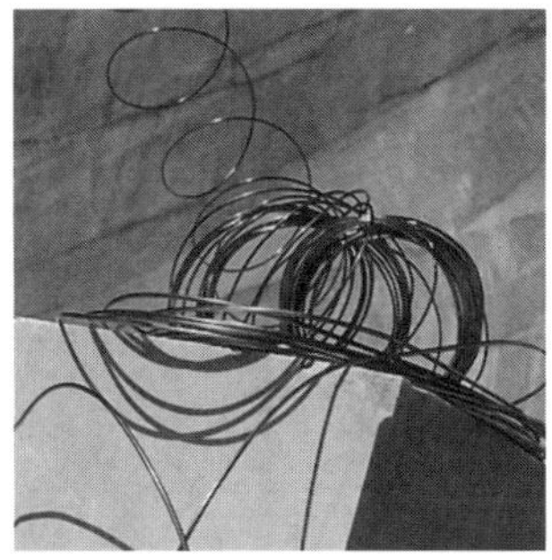

Suche in Drucksachen Beispiele zur Linie aus Technik, Natur, Kunst und Architektur.

Eine beliebige Anzahl Linien mit gleicher oder progressiver Linienstärke oder progressiven Abständen auf einer quadratischen Fläche anordnen, sodass ein einfaches System der Veränderung sichtbar wird.

Verschiedene Akzidenzen oder Plakate mit Linien gestalten.

Die Fläche hat einen radikalen Ausdehnungscharakter und ist im Grunde formlos. Ihre Formlosigkeit ist für uns schwer vorstellbar, weil wir die Fläche in ihrer unendlichen Ausdehnung nicht sehen können.
Der Mensch ist an sein Gesichtsfeld gebunden. Deshalb nehmen wir die Welt nur in Ausschnitten wahr.
Flächen haben, wenn sie in unserem sichtbaren Bereich sind, notgedrungen eine Größe und eine formale Abgrenzung (siehe optische Grundlagen).
Die Fläche ist eine sichtbare Grunderscheinung der formalen Bildmittel.

1

Natur

Landschaftsaufnahme.
Durch die verschiedenen Helligkeitswerte können wir die Formen und Flächen wahrnehmen.

2

Kunst

Nadir II, 1930, Jean Arp.
Die gelbe Fläche wird durch die freien schwarzen Flächen und die weiße Fläche wechselseitig abgegrenzt.
Das Bild hat keine Tiefe (Perspektive), alle Elemente befinden sich auf einer Ebene.

3

Architektur

Gasthof zum Goldenen Sternen.
Die Türen und Fenster dieser Hausfassade unterteilen hier die Fläche.

4

Design

Sessel aus gekrümmtem Holz. 1929–1933, Alvar Aalto.
Es können Parallelen zur Kunst aus der gleichen Zeit festgestellt werden: Das Experiment von Alvar Aalto, eine ganze Holzplatte zu einer Fläche zu krümmen, ist ihm mit diesem Stuhl gelungen.

1 3
2 4

Jahrtausendelang hatte der Mensch sein Gedächtnis mit Bildern angefüllt, die der Tag ihm zeichnete. Irgendwann war er ihrer überdrüssig, musste zurückgeben, was er gesammelt hatte. Das waren nicht nur Eindrücke, die im Laufe seines Lebens auf ihn zukamen, es waren auch Schemen, die er von Geburt an in sich trug. Er sah sich jedoch außerstande, diese zu unterscheiden. Wir sind heute noch nicht in der Lage, Reales von Irrealem zu trennen, wenn nachts eine Bewegung oder ein Geräusch uns erschreckt. Auch der Film, den man uns vorspielt, vermengt beides. Sekunden nachdem er erlischt, sind Illusion und Rea-

Jahrtausendelang hatte der Mensch sein Gedächtnis mit Bildern angefüllt, die der Tag ihm zeichnete. Irgendwann war er ihrer überdrüssig, musste zurückgeben, was er gesammelt hatte. Das waren nicht nur Eindrücke, die im Laufe seines Lebens auf ihn zukamen, es waren auch Schemen, die er von Geburt an in sich trug. Er sah sich jedoch außerstande, diese zu unterscheiden. Wir sind heute noch nicht in der Lage, Reales von Irrealem zu trennen, wenn nachts eine Bewegung oder ein Geräusch uns erschreckt. Auch der Film, den man uns vorspielt, vermengt beides. Sekunden

Jahrtausendelang hatte der Mensch sein Gedächtnis mit Bildern angefüllt, die der Tag ihm zeichnete. Irgendwann war er ihrer überdrüssig, musste zurückgeben, was er gesammelt hatte. Das waren nicht nur Eindrücke, die im Laufe seines Lebens auf ihn zukamen, es waren auch Schemen, die er von Geburt an in sich trug. Er sah sich jedoch außerstande, diese zu unterscheiden. Wir sind heute noch nicht in der Lage, Reales von Irrealem zu trennen, wenn nachts eine Bewegung oder ein Geräusch uns erschreckt. Auch der Film, den man uns vorspielt, vermengt bei-

Jahrtausendelang hatte der Mensch sein Gedächtnis mit Bildern angefüllt, die der Tag ihm zeichnete. Irgendwann war er ihrer überdrüssig, musste zurückgeben, was er gesammelt hatte. Das waren nicht nur Eindrücke, die im Laufe seines Lebens auf ihn zukamen, es waren auch Schemen, die er von Geburt an in sich trug. Er sah sich jedoch außerstande, diese zu unterscheiden. Wir sind heute noch nicht in der Lage, Reales von Irrealem zu trennen, wenn nachts eine Bewegung oder ein Geräusch uns erschreckt. Auch

Grauwirkung

1
Das Quadrat in der Mitte einer quadratischen Grundfläche. Die Gleichheit der Flächen, der Seiten und der weißen Räume ergibt Ruhe.

2
Das aus der Mitte verschobene Quadrat ergibt ungleiche weiße Räume. Aktivität trotz Gleichheit der Flächen und der Seiten.

3
Quadratische Form in rechteckiger Grundfläche. Durch Ungleichheit der Flächen und der weißen Räume entsteht eine erhöhte Spannung.

4
Rechteckige Form in quadratischer Grundfläche ergibt eine erhöhte Spannung. Das liegende Rechteck wirkt passiv, ruhig, schwer.

5
Das stehende Rechteck wirkt aktiv, lebendig, leicht.

6
Fette Schrift wirkt flächig. Die weißen Buchstabenabstände wirken linear.

7, 8, 9, 10
Schriftgruppen als Flächenelemente mit zunehmender Grauwirkung.

1		7
2	3	8
4	5	9
6		10

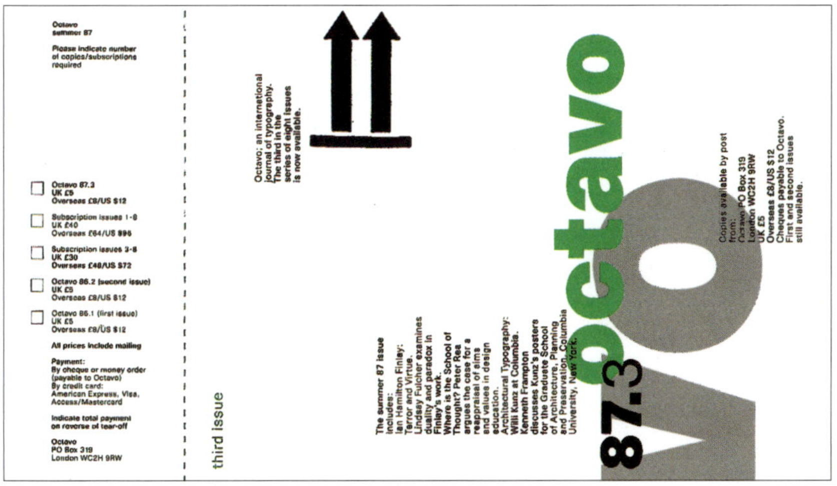

Typografie

Auch in Akzidenzen spielt der Umgang mit den Helligkeitswerten eine Rolle. Alles, was zwischen den unbedruckten und den bedruckten Teilen geschieht, kann beeinflusst werden. Durch den bewussten Einsatz dieser Gestaltungsmittel bekommt eine Drucksache eine «Gestalt».

Bestellkarten

für die Zeitschrift octavo, 1986, 1987, 1990, London.
Die drei Bestellkarten für die Zeitschrift octavo «journal of typography» zeigen, wie lebendig die Flächen variiert werden können.
Den Seriencharakter bewahren die drei Bestellkarten dadurch, dass gewisse Wiederholungen im Text und in der Gestaltung verwendet werden.

El Lissitzky,
Alexander Tairoff
«Das entfesselte Theater»
Gustav Kiepenheuer Verlag,
Potsdam 1923,
112 Seiten, 250 × 180 mm

ben bemächtigten bauten aus ihnen einen organismus von komplizierter räumlichkeit und kombinierten sie ohne rücksicht auf harmonie. // der aufbau des lebens verliess den bereich der nationen klassen patriotismen und imperialismen die sich gänzlich entlarvt hatten. // der aufbau der stadt führte zum völligen durcheinander seiner isolierten elemente haus strassen platz brücken und des neuen systems das sich mit dem alten durchkreuzte – unterirdische metro unterirdische schwebebahn kanäle für elektroenergie unter der erde und leitungswege über der erde. das alles entwickelte sich über die pumpe eines neuen energiezentrums die die gesamte natur in sich einsaugt. die technik die in ihrem schaffen den ökonomischsten weg von der kompliziertheit des zuges zur einfachheit des aeroplans von der tierischen primitivität des dampfkessels zur sparsamkeit der dynamokapsel von dem chaotischen wirrwarr des telegraphennetzes zur einheitlichkeit des radios zurücklegte wurde durch den krieg aus der bahn der gestaltung geschleudert und auf die bahn der verbreitung des todes gedrängt. // und in dieses chaos kam der suprematismus und erhob das quadrat zur selbstursache der schöpferischen erscheinungen. // und es kam der kommunismus und erhob die arbeit zur ursache des herzschlags. und im grollen dieser zusammenstürzenden welt sprengten wir auf unserer letzten station des suprematistischen weges das alte bild wie ein wesen von fleisch und blut und machten es selbst zu einer welt die im raume schwebt wir trugen bild und betrachter über die grenzen der erde hinaus und um es ganz zu begreifen muss sich der betrachter wie ein planet um das bild drehen das im mittelpunkt steht. // die leere phrase vom «l'art pour l'art» hatte man bereits vernichtet wir haben im suprematismus die phrase von «la peinture pour la peinture» vernichtet und sind über die grenzen der malerei hinausgegangen. vorerst malte der künstler die ihn umgebende ausstellungsnatur diese bedeckte sich mit den städten wegen kanälen und alles was der mensch in ihr hervorbrachte begann er sodann als künstliche

El Lissitzky, einer der grossen frühen Anreger der Typographie dieses technischen Zeitalters, war von sprühendem Geist und lebhaften Bewegungen, schlank, eher klein von Gestalt und in seiner Art fast dandyhaft, aber ernst. Er war von unbändigem Erfinderdrang erfüllt und musste, selbst in Gesellschaft anderer, immer irgend etwas tun: photographieren, zeichnen, schreiben. // Dass er sich von 1909 bis 1914 an der Technischen Hochschule in Darmstadt zum Ingenieur ausgebildet hatte, kam der Entfaltung seiner Schöpferkraft in einzigartiger Weise zugute. Er sah in jeder Aufgabe grundsätzlich ein technisches Problem. (…) Er glaubte sich Ingenieur, aber er war ein Künstler. Erheblich jünger als Kandinsky (1866), Mondrian (1872), Brâncusi (1876), Malewitsch (1878), gehört er zur Generation Hans Arps (1887), Kurt Schwitters' (1887) und Max Ernsts (1891). In ihr steht er mit wenigen anderen, unter ihnen Rodtschenko (1891), für sich allein als einer der frühesten Konstruktivisten. Er nannte sich Konstrukteur: In den Titelseiten seines Majakowski-Buches Dlja golossa (1923) steht «Konstruktor knigi (Konstrukteur des Buches) El Lissitzky». (…) // In allen Arbeiten und Schriften El Lissitzkys leuchtet die Begeisterung des Künstlers für die Arbeitsweise des Ingenieurs, für die exakten Wissenschaften, für die Technik der Neuzeit. Ihre Möglichkeiten sind ihm ein Wechsel auf eine andere, glücklichere Zukunft; ihn erfüllt der Glaube, dass die Wissenschaft fähig sei, das Los der Menschheit zu erleichtern. Mathematik, Geometrie, die ständig sich ausdehnenden Erkenntnisse auf den Gebieten der Physik und der Chemie bedeuten ihm Verheissungen. Ausgebildet war Lissitzky zum Architekten und Ingenieur. Aber tätig war er als Erfinder, Konstrukteur, Denker, Maler, Photograph, Typograph: er war allseitig. ►

El Lissitzky,
«Schlagt die Weissen
mit dem roten Keil»
Plakat, UdSSR, 1919

nach aussen. // in diesem fragment technischen erfindergeistes sehen wir die konstruktion der formensysteme im material. hier gibt es eisen und stahl kupfer blech und nickel glas und guttapercha gerade und gekrümmte flächen und volumina aller arten und farbnuancen. es wird von unterschiedlichen meistern gefertigt die die «schönheit» ihres materials gar nicht dafür aber die arbeit ihrer kollegen kennen. dieses ganze komplizierte gebilde zusammen stellt einen einheitlichen organismus dar. ist er nicht eben daher «künstlerisch»? // einem element kommt besondere bedeutung zu – dem massstab. der massstab ist das leben der räumlichen beziehungen er ist dasjenige was jeden organismus ganz oder zerstört sein lässt was alle teile zusammenhält. das sehen und hören der massstäbe alles geschaffenen ist der index für das wachstum des modernen menschen. mit recht soll diese wahrnehmung über die räumlichen vorstellungen des menschen über sein verhalten in der zeit das urteil fällen. der kubismus bewies in seinen konstruktionen seine modernität im verhältnis zum massstab. im gemälde und im contrerelief haben wir aber einen absoluten massstab vor uns. es sind das die gebilde in ihrer natürlichen grösse im verhältnis 1:1. wenn wir das contrerelief jedoch in ein gebilde der architektur verwandeln wollen und es deswegen um das hundertfache vergrössern dann hört der massstab auf absolut zu sein und wird relativ im verhältnis 1:100. und dann erhalten wir die amerikanische freiheitsstatue in deren kopf vier menschen platz finden aus der hand jedoch strömt das licht. vor sieben jahren erhob der suprematismus sein schwarzes quadrat aber niemand erblickte ihn damals noch hatte man das fernrohr für diesen neuen planeten nicht erfunden. aber die gewaltige macht seiner bewegung veranlasste eine reihe künstler sich ihm anzuschliessen und eine weitere anzahl wurde von ihm beeinflusst. doch besassen weder erstere noch letztere genügend innere substanz um von der anziehungskraft erfasst zu werden und ein geschlossens weltsystem der neuen bewegung zu bilden. sie lösten sich los und fie-

1919 schuf El Lissitzky – inmitten der Wirren des Kriegskommunismus – das Plakat «Schlagt die Weissen mit den roten Keilen». Noch heute gilt dieses Plakat als Inkunabel des revolutionären Plakats und zeigt gleichzeitig auch den revolutionären Aufschwung der kulturellen Auseinandersetzung während der Russischen Revolution auf. In vielen Aspekten bleibt dieses Plakat wegweisend für ein radikal neues Denken in der Plakatkunst – es war ein Keil zwischen dem traditionellen und dem modernen Plakatschaffen. Dieses Plakat – gedacht für die revolutionären Truppen der Roten Armee – hing in den Unterständen und Kasernen. Mir ist kein anderes Plakat bekannt, das in so klarer Absicht aufzeigt, wie sich die Lesetypografie zur Kommunikationstypografie wandelt – und dadurch wird es auch für das spätere Bauhaus bedeutend. Die Typografie wird bewusst zweitrangig behandelt, dafür erhält das grafische Element eine zentrale Bedeutung. Die roten Pfeile – die Rote Armee – dringen in die «Nester» der weissen Truppen, bestehend aus alliierten und zaristischen Armeen – ein. Für Lissitzky war die Eindeutigkeit der Formensprache wichtig; Allegorien und Metaphern lehnte er ab. Lissitzky, von Beruf Ingenieur und überzeugter Kommunist, hat dieses Plakat in seinem konstruktiven Stil gehalten, fein säuberlich auf dem Reissbrett konstruiert. Sicherlich ist dieses Plakat nur ein kleiner Teil des riesigen kulturellen Schaffens während der Russischen Revolution. Als Klassiker des Plakats aber erhält es einen ganz besonderen Stellenwert. ■ Richard Frick, 28. 7. 1991

el lissitzky,
der suprematismus des weltaufbaus, 1922.
Gestaltung: Richard Frick, 1992.

Typografie
Die beiden Doppelseiten dieser Broschüre zeigen in eindrucksvoller Weise die Aufteilung der Fläche.
Besonders spannend ist die Übernahme der Form auf der linken Seite für den roten Text auf der rechten Seite.
Der Kommentar zum Bild ist in der dominanten Form der Abbildung gehalten. Somit bekommt die Abbildung links zum Kommentar rechts eine besondere Verbindung.

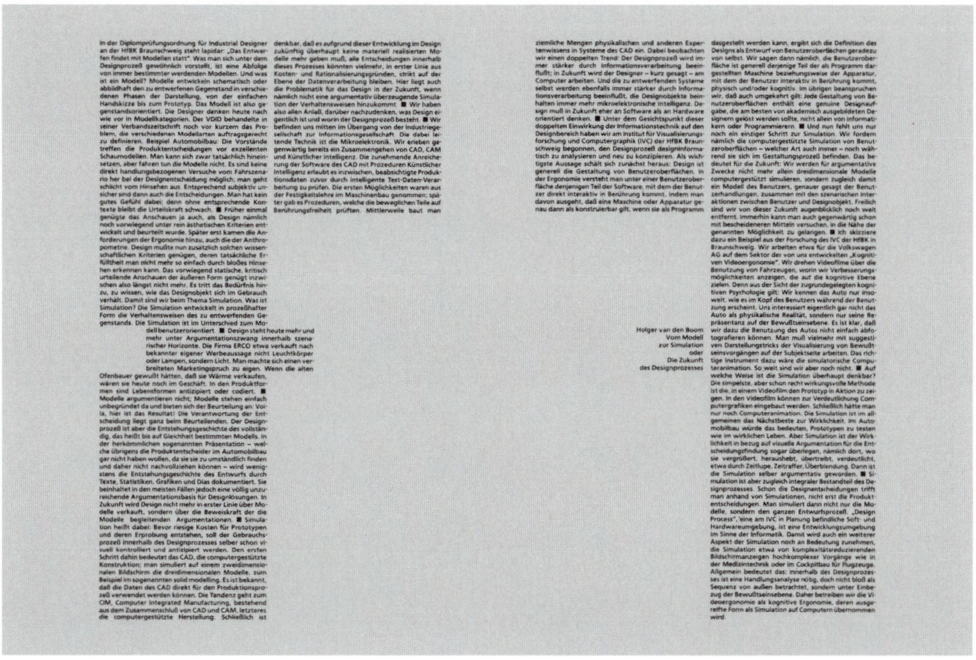

Typografie

Eine Textgruppe wirkt wie ein Flächenelement. Eine Fläche entsteht immer dann, wenn es sich um eine größere Textmenge handelt, sei es für ein Buch, eine Zeitschrift oder eine Zeitung. Der Helligkeitswert wird durch die Farbe, die Form, die Laufweite und die Länge der Zeilen, durch die Satzart, den Schriftcharakter, den Schriftschnitt und den Zeilenabstand beeinflusst. Auch der unbedruckte Raum, der die Fläche umgibt, hat einen Einfluss auf den Helligkeitswert der Grauwirkung.

1
IDZ Jahresbericht, Innenseiten 1987.
Nicolaus Ott & Stein.
2
Magazin «Emigre Grafics», 1990.
Richard Feurer, Peter Bäder,
Polly Bertram & Daniel Volkart,
Roland Fischbacher,
Margrit Kastl-Lustenberger, Daniel Zehntner.

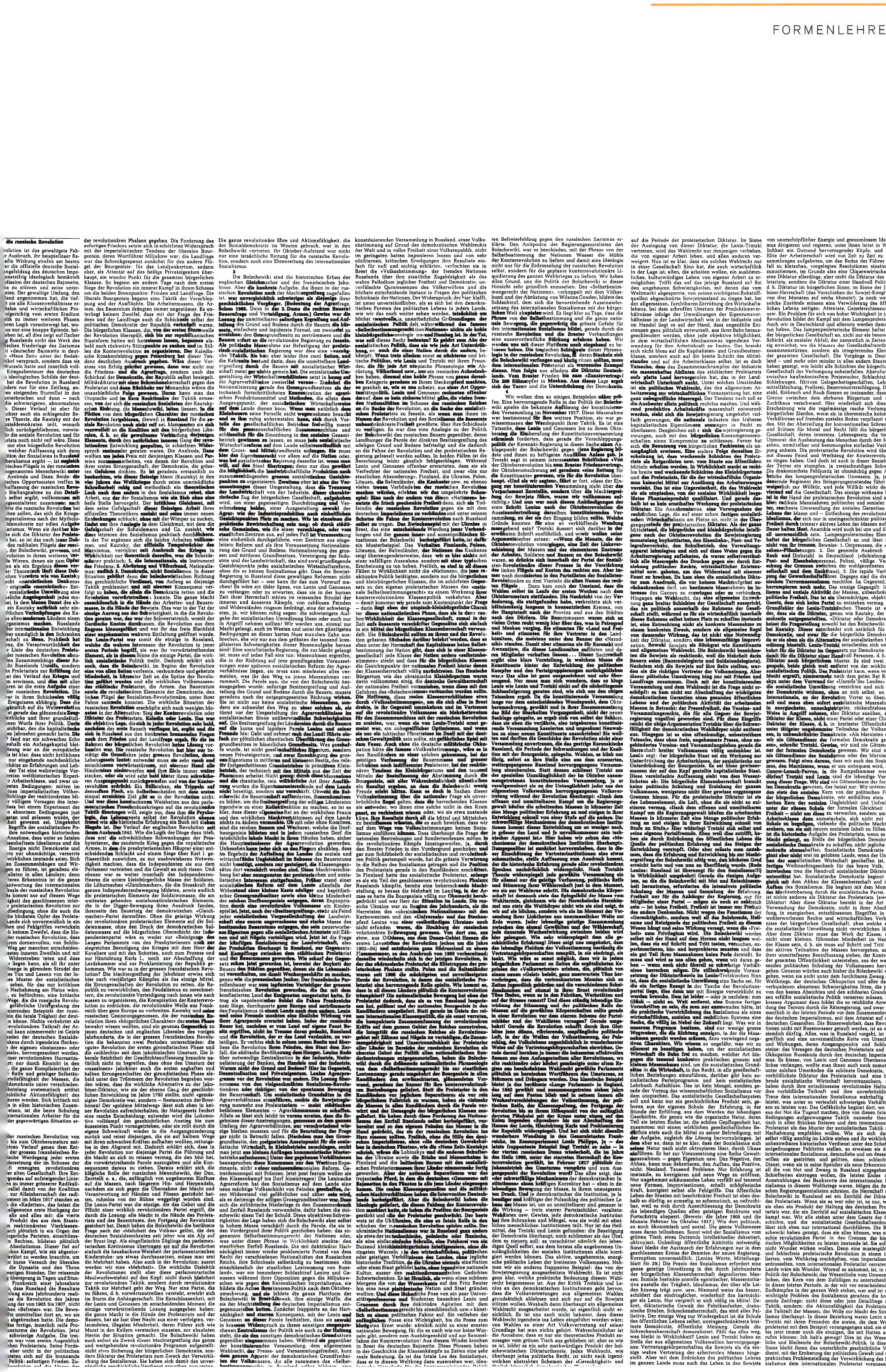

Rosa Luxemburg, 1971.
Hans-Rudolf Lutz.

Typografie

Die Schrift Univers von Adrian Frutiger hat der typografischen Gestaltung sehr viele neue Möglichkeiten eröffnet. Erstmals war eine perfekte Abstimmung der Grauwerte der Schriftstärken mager, normal, halbfett und fett möglich. Der Originalschnitt der Univers wurde bereits bei Beginn der Entwurfsarbeit als Schriftfamilie in 21 Varianten geplant. Die Univers erschien ab 1957 bei der Fonderie Deberny & Peignot in Paris, ab 1963 bei der Monotype Corporation in London.

Rosa Luxemburg

«… mit den Schriftstärken des Univers-Programmes ist es also möglich, sowohl Grauverläufe als auch (die Illusion von) Dreidimensionalität darzustellen. Aber schon zwei verschiedene Stärken einer Schrift genügen, um ein Bild in einem Text erscheinen zu lassen.»
Hans-Rudolf Lutz

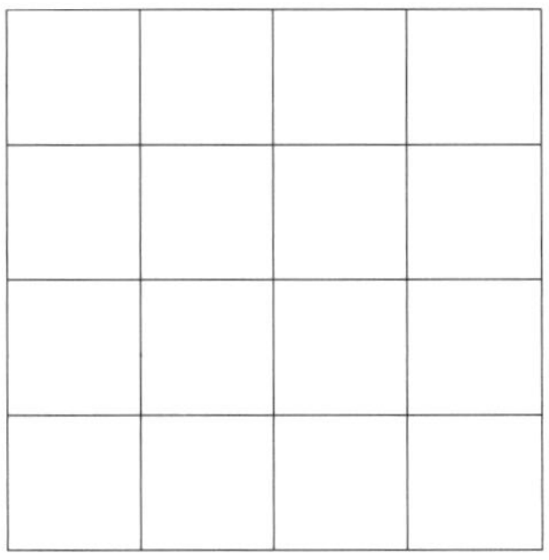

Teile ein Quadrat mit geraden und diagonalen oder mit geraden und kreisförmigen Linien ein.

Suche dazu verschiedene Füllmöglichkeiten.

Ordne auf einer quadratischen Grundfläche Blindtexte mit unterschiedlicher Grauwirkung an. Sie können ein-, zwei- oder dreispaltig sein und es dürfen auch Titel dazu gestellt werden. Kommentiere deine Arbeiten in Bezug auf die Grauwirkung.

Schneide aus Zeitschriften verschiedene Textflächen aus und klebe diese zu einer Collage.

Kontraste entstehen durch starke Gegensätze, durch auffallende Unterschiede. Die Unterschiede liegen zwischen Maximum und Minimum oder in der Verschiedenheit der Formen.
Das Zusammenführen zweier Werte nach Gesetzen des Kontrastes verändert und verstärkt die Wirkung.

Natur, Kunst, Architektur
Das Zusammenfügen verschiedener Werte in Natur, Kunst und Architektur nach den Gesetzen des Kontrastes verändert und verstärkt die Wirkung der Werte. Das Denken im Gegensätzlichen ist kein konfuses Denken, denn auch Gegensätze können sich zu einem harmonischen Ganzen fügen.

Es bilden sich unter anderen folgende Kontraste:
klein–groß, jung–alt;
waagrecht–senkrecht,
schwer–leicht;
hell–dunkel, wenig–viel.

1
Zebra.
2
La Sinfonie, 1899, Felix Vallotton.
Holzschnitt.

3
New York, 1987.

Buchstabenform

Quadrat, Kreis und Dreieck in der Schrift

AHIMOTUVWXY	Symmetrisch (spiegelverkehrt)
BCDEFGHJKLNPQRSZ	Asymmetrisch

Kontraste innerhalb der Buchstabenformen

IOSVWX	Kontrastlos
EFHLT	Kontrast senkrecht–waaagrecht
AKMNYZ	Kontrast senkrecht–diagonal oder waagrecht–diagonal
BDGJPQRU	Kontrast gerade–rund

Symmetrie und Asymmetrie der Buchstabenformen

FHILT	Senkrechte und waagrechte Linien
CGOQSBDJPRU	Gerade und runde Linien
AKMNVWXYZ	Waagrechte, senkrechte und diagonale Linien

Gemeine

acemnorsuvwxz	Mittellängen
bdfhiklßt	Oberlängen
gpqy	Unterlängen
j	Ober- und Unterlängen

Die Formen der 26 Buchstaben des Alphabets sind verblüffend klar und einfach.

Bezeichnung		**Ausdruck**	**Bezeichnung**		**Ausdruck**
u	mager	fein dünn weich leicht bewegt	*u*	mager kursiv	leicht locker lebendig elegant grazil reizvoll
u	normal	harmonisch klar sicher ausgewogen	*u*	normal kursiv	harmonisch elastisch federnd aktiv fließend bewegt
u	halbfett	hart robust	***u***	halbfett kursiv	kräftig schwer
u	fett	hart starr schwer robust flächig massig	***u***	fett kursiv	kräftig vital flächig schwer langsam

Schrift

Mit einer gut ausgebauten Schriftfamilie (z. B. Univers) hat der Gestalter die Möglichkeit, Kontrastwirkungen innerhalb einer Schrift zu erreichen.

Das Programm ermöglicht folgende Kontrastwirkungen:
mager–fett,
linear–flächig,
schmal–breit,
hell–dunkel,
gerade–kursiv,
statisch–dynamisch.

fett mager	breit schmal	gerade *kursiv*
groß klein	Serifen serifenlos	positiv negativ
scharf unscharf	gemein VERSAL	seitenrichtig seitenverkehrt
normal gerastert	überlappend g e s p e r r t	voll leer

Schrift

Ästhetische Wirkung und Lesbarkeit sind abhängig von der Kombination kontrastierender Formen.
Werden in der Typografie verschiedene Schriftfamilien und Schriftgrößen eingesetzt, vermehren sich die Variationen des Kontrastes.
Die heutigen Satzsysteme ermöglichen neue Arten von Kontrasten.

Eine Auswahl
der Möglichkeiten

waagrecht–senkrecht
passiv–aktiv
kalt–warm
minus–plus
statisch–dynamisch
stabil–labil
symmetrisch–asymmetrisch
konzentrisch–exzentrisch
geradestehend–kursiv
gemein–versal
mager–fett
schmal–breit
klein–groß
negativ–positiv
ruhig–bewegt
steigend–fallend
diagonal–gegendiagonal
rund–gerade
begrenzt–unbegrenzt
geschlossen–offen
innen–außen
leer–voll
strukturiert–strukturlos
lang–kurz
dünn–dick
leicht–schwer
fein–grob
elegant–plump
weich–hart
hell–dunkel
diffus–präzis
punkthaft–flächenhaft
linear–räumlich
flächenhaft–räumlich
gerade–krumm
fein–rauh
flüssig–fest
einfarbig–bunt
organisch–technisch
hoch–niedrig
klar–trübe
spitzig–stumpf
rund–eckig
gebunden–frei
endlich–unendlich
geordnet–chaotisch

Typografie

Im Bereich der Typografie sind Kontraste als Gestaltungsmittel von großer Bedeutung. Kontraste helfen Texte zu organisieren. Kontraste können das Lesen erleichtern. Die Aussage eines bestimmten Textteils kann durch Kontraste zum übrigen Text unterstützt werden. Kontraste wirken als Signale. Kontraste stimulieren, motivieren, fallen auf. Das heißt nicht, dass nur Kontraste typografische Lösungen anbieten. Der Gestalter soll auch wissen, ob seine Arbeit bewegt, ruhig, laut, leise wirken muss. Kontraste erlauben es, mit Schrift spielerisch und spontan umzugehen.

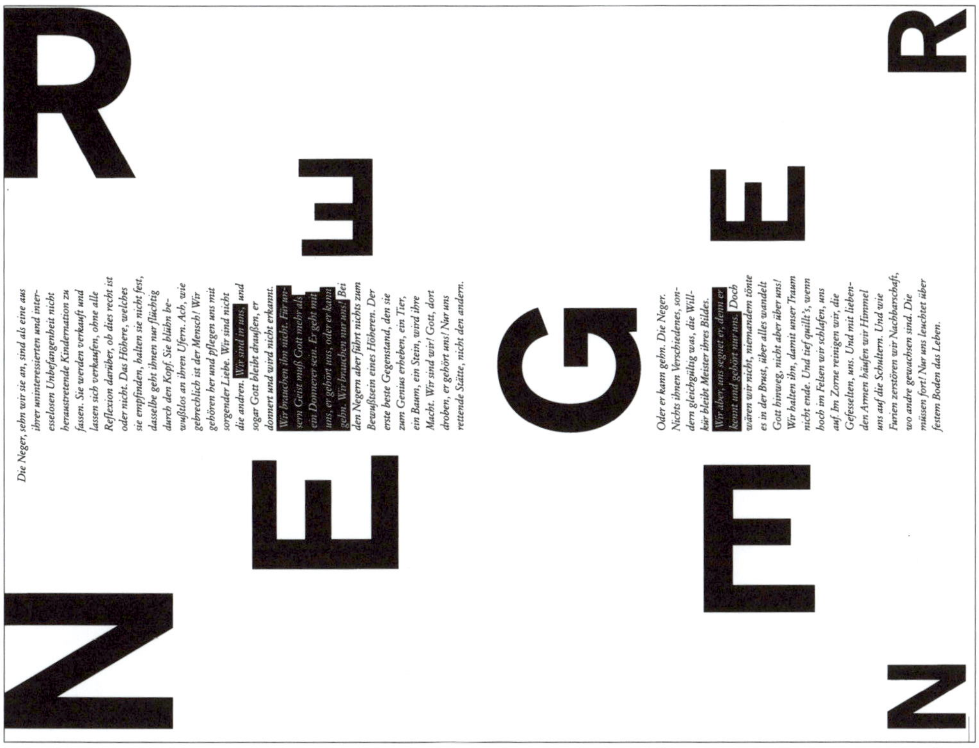

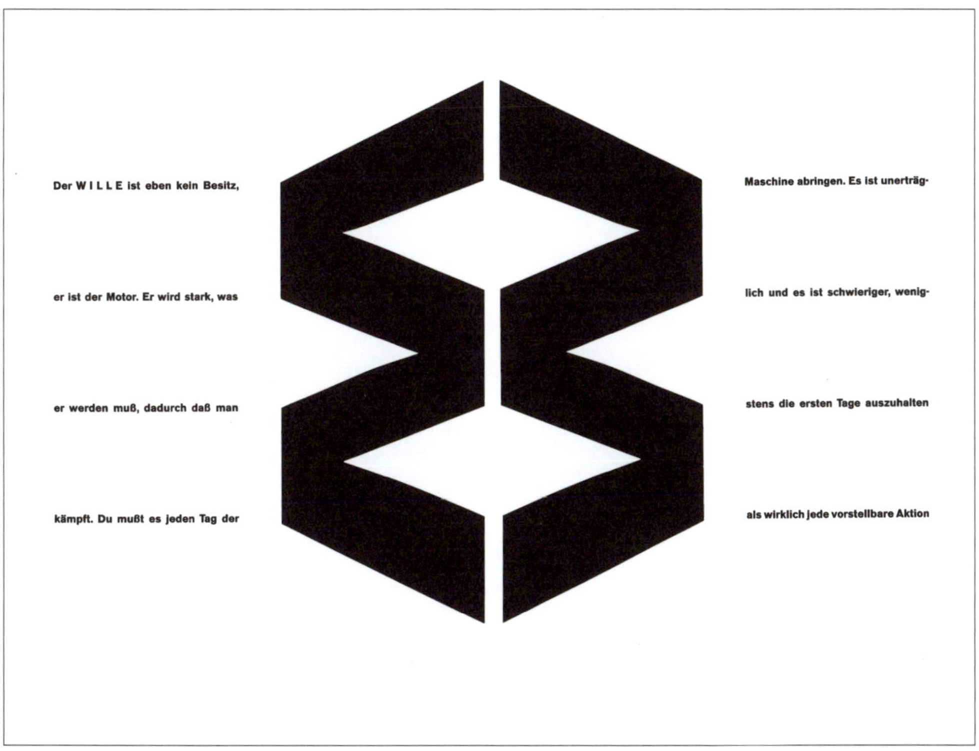

1, 2
Buchdoppelseiten,
Elfriede Jelinek, WOLKEN. HEIM. 1993.
Steidl Verlag, Göttingen.

Meet John Doe. It's not just the name of a new album, but a great excuse to drive into Hollywood on a day hot enough to melt even a meter maid.

Though the city is literally in flames, John Doe turns out to be the picture of cool. Maybe it's the metal bracelets on his arm; the idea that once the interview is over, he'll be on the highway, heading for the remote ranch several hours north of the city that he now calls home; or the air-conditioning. In any event, he's ready to do the day's version of the Hollywood shuffle.

Although a Los Angeles reporter recently took issue with Doe's pursuit of what the journalist called a "conventional solo career," it turns out that commercial success was a goal of X from the beginning. "Even though people don't associate X with that, it was always important to all of us to be successful," he says. "We always made the best records, gave the best performances and struck the best business deals we could. The only thing we didn't do was make inane music and bend over backwards in terms of making c o n c e s s i o n s ."

Surprisingly, Doe recalls that back in the late seventies, he, Exene and fellow punkers like Top Jimmy would sit around at night "talking about making a lot of money and getting the fuck out of L.A. We knew money would give us the freedom to do things we wanted, like living in the country. We didn't see anything wrong with providing a service and getting paid what we deserved for that."

Although they themselves ultimately didn't make lots of money from X, the band was successful. "We sold 150,000 copies an album and stood for the right things. We had good ideals. Those don't change unless you're tempted and make concessions a little at a time.

1
Zeitschrift Beach Culture, 1990.
Reportage, John Doe.
Art Director: David Carson.

2
Schriftzug für ORF 2
von Neville Brody, 1991.
Die weichen Umrisse der fließenden Bilder verbinden sich mit der Einfachheit der Typografie des Hauptsymbols. «Abstraktion geht in Gewissheit über wie bei einer Reise mit dem Zug, wo die Landschaft durch das Abteilfenster zunächst nur verschwommen gesehen wird, bis dann, bei der Ankunft, die Architektur des Bahnhofs ein Zeichen setzt.»
Neville Brody

1
Zeitschrift Beach Culture.
2
Schriftzug für ORF 2.

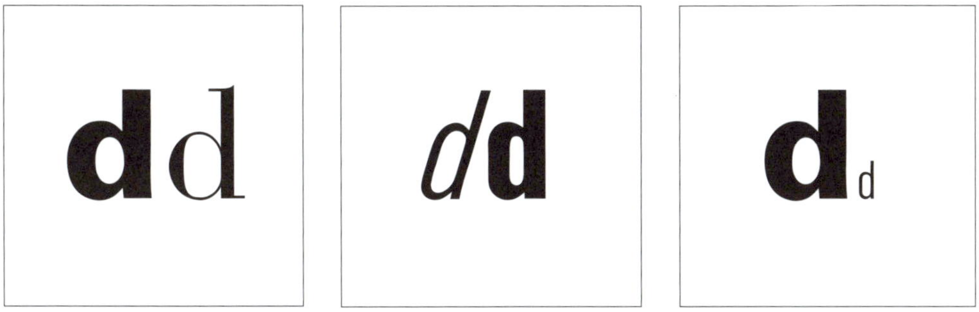

Schrift

Die Gestaltung einer Drucksache wird durch Kontraste in der Schrift beeinflusst.
Mache eigene Kontrastpaare:
serifenlos–Serifen,
kursiv–gerade,
groß–klein,
steif–bewegt,
weich–hart,
usw.

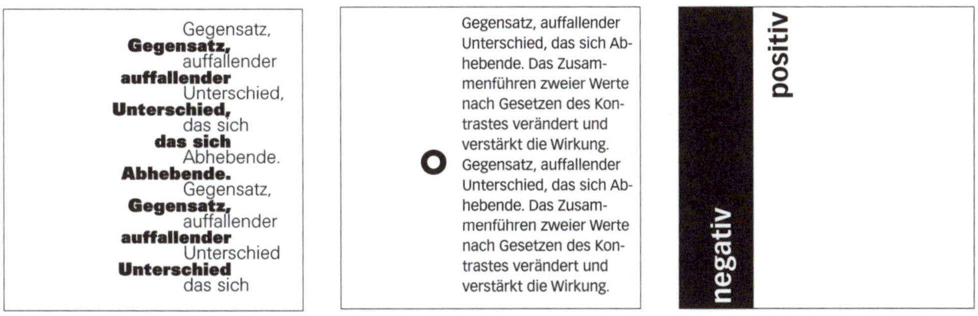

Fläche

Ein Spannungsverhältnis wird erreicht, indem das Unbedruckte und das Bedruckte in einen Kontrast gesetzt wird.
Teile eine Fläche kontrastreich auf:
hell–dunkel oder leicht–schwer,
wenig–viel,
negativ–positiv usw.

Farbe

Die Aussage einer gestalterischen Arbeit kann durch Verwendung von Farbe verstärkt werden:
kalt–warm,
hell–dunkel,
bunt–unbunt.
Teile eine Fläche mit verschiedenen Farbkontrasten auf oder mache diese Arbeit mit Schrift.

Eine große Schrift ist nur groß im Vergleich mit der Umgebung, zum Beispiel zum Papierformat oder zu einer kleinen Schrift in unmittelbarer Nachbarschaft.

Rhythmus bedeutet fließen, periodische Wiederkehr von Vorgängen.
Die Lebensvorgänge sind rhythmisch:
schlafen–wachen,
Herzschlag,
atmen,
arbeiten–ruhen,
kommen–gehen,
Geburt–Tod,
Ebbe–Flut,
Tag–Nacht,
Jahreszeiten.
Rhythmus ist ein Ausdruck für alles Lebendige. Das Wachstum aller Lebewesen vollzieht sich in rhythmischen Intervallen. Der Zeitablauf wird durch Sekunden, Minuten, Stunden, Tage, Wochen, Monate, Jahre, Jahreszeiten rhythmisiert. In der Musik erfolgt die Gliederung der Zeit durch die Tondauer (ganze, halbe, Viertel-, Achtelnoten usw.). Tonhöhe, Tonstärke, Veränderung der Klangfarbe – all dies ergibt einen Rhythmus, der arithmetisch erfassbar ist.

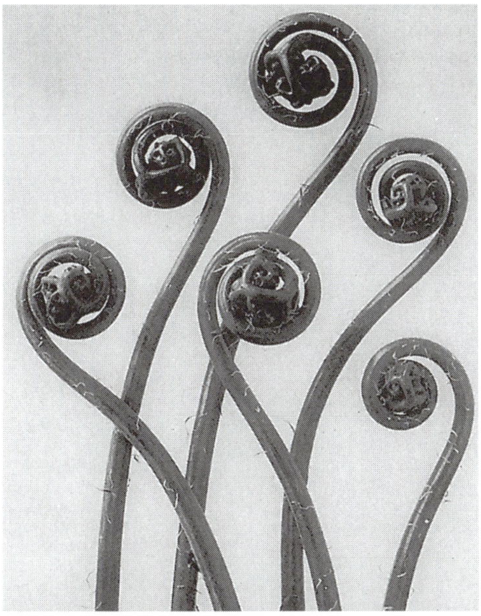

1 2
3

Natur, Kunst, Architektur

In der Natur und in der Kunst können alle Abstufungen rhythmischer Vorgänge abgelesen werden, ebenso die Wiederholung formaler Details. Es gibt keine einheitlichen Maße. Neben der mathematischen Lösung einer Aufgabe braucht es auch das optische Empfinden.

1
Haarfarn
In der Natur ist der Kreislauf der Jahreszeiten ein gleichmäßiges Dahinfließen, eine friedliche Bewegung. Junge gerollte Blätter des Haarfarns haben eine noch unerforschte rhythmische Harmonie in sich.

2
Flora auf Sand
Paul Klee, Aquarell aus der Bauhauszeit in Dessau, 1927. «Wir können den Rhythmus mit drei Sinnen zugleich wahrnehmen: erstens ihn hören, zweitens sehen und drittens in uns fühlen. Das gibt einer Wirkung auf unseren Organismus die Macht.»
Paul Klee

3
Abteikirche von Payerne
Die Nordwand der Abteikirche von Payerne ist eine der ältesten Baupartien dieses romanischen, im 10. und 11. Jahrhundert entstandenen Bauwerks. Die Bausteine aus gelbem, zum Teil brandgerötetem Jurakalk wurden in den römischen Ruinen von Avenches geholt. Die eindrucksvolle rhythmische Gliederung entsteht durch den Rundbogenfries, die Lisenen und die Repetition der Fenster.

gestalt und funktion der typografie

es a un un on er o ra e

g t lt d f kti d typ g fi

the quick brown fox jumps over the lazy dog

1
2
3
4
5
6
7

Zeile

In der Typografie gibt es unzählige Möglichkeiten, mit rhythmischen Werten zu arbeiten. Die Schrift ist ein rhythmisches Gebilde, in dem sich Mittel-, Ober- und Unterlängen, Geraden, Rundungen und Schrägen abwechseln.

1
Schriftzeile mit normalen Wortzwischenräumen und normaler Laufweite.

2
Horizontale Rhythmisierung von Buchstabenmitte zu Buchstabenmitte, unterbrochen durch die Wortzwischenräume. Vertikale Rhythmisierung von Ober-, Mittel- und Unterlängen.

3
Rhythmisierung durch die Buchstaben, die nur aus Mittellängen bestehen.

4
Rhythmisierung durch die Buchstaben, die aus Ober- und Unterlängen bestehen.

5
Schriftzeile mit normalen Wortzwischenräumen und normaler Laufweite. In diesem Satz ist das ganze Alphabet enthalten.

6
Rhythmisierung durch die Wortzwischenräume.

7
Rhythmisierung durch die Länge der Wörter.

the quick brown fox jumps over the lazy dog

George Abrams
Otl Aicher
Hans Rudolf Bosshard
Max Caflisch
Joseph Blumenthal
Kathrin Atkins
Albert Kapr
Ludwig Petzendorfer

George Abrams
Otl Aicher
Hans Rudolf Bosshard
Max Caflisch
Joseph Blumenthal
Kathrin Atkins
Albert Kapr
Ludwig Petzendorfer

Adrian Frutiger
Rudolf Adolph
Herman Barge
Georg Abrams
Friedrich Bauer
Heinrich Hoffineiste
Emil Ruder
Alphonse Willems

Adrian Frutiger
Rudolf Adolph
Herman Barge
Georg Abrams
Friedrich Bauer
Heinrich Hoffineiste
Emil Ruder
Alphonse Willems

Die Buchstabenverbindungen
Das Wort
Die gebrochene Schrift
Die Zeile und ihre Anordnung
Die Zeile und ihr Raum
Die Zeile
Der semantische Wandel

Die Buchstabenverbindungen
Das Wort
Die gebrochene Schrift
Die Zeile und ihre Anordnung
Die Zeile und ihr Raum
Die Zeile
Der semantische Wandel

1
2
3

Textgruppe
Verschieden breite Zeilen im Ablauf (Zeilenfall) sind in den meisten Fällen durch den Text gegeben. Der Wechsel von kurzen und langen Zeilen ist ein rhythmischer Ablauf; er kann verhalten, durchschnittlich oder heftig sein.

1
Normaler Zeilenfall mit durchschnittlich rhythmisierten Zeilenlängen. Rechts die weiße Gegenbewegung der Zeilen, dargestellt mit schwarzen Balken.

2
Schwacher Zeilenfall mit geringem Unterschied in den Zeilenlängen. Rechts die weiße Gegenbewegung der Zeilen, dargestellt mit schwarzen Balken.

3
Starker Zeilenfall mit großem Unterschied in den Zeilenlängen. Rechts die weiße Gegenbewegung der Zeilen, dargestellt mit schwarzen Balken. Die großen Längenunterschiede ergeben eine heftige rhythmische Bewegung, die die Lesbarkeit über eine große Textmenge «strapazieren» kann.

Das Alinea. Alinea bedeutet neuer Abschnitt oder Absatz. Die einzelnen Teile eines Textes werden zum besseren Verständnis durch Abschnitte kenntlich gemacht. Ohne Einzug. Beginnt das Alinea stumpf, darf die Ausgangszeile nicht voll werden; der leere Raum soll mindestens ein Geviert betragen. Beim Flattersatz ist diese Kennzeichnung nicht möglich. Mit Einzug. Der normale Einzug wird nach der Zeilenbreite bestimmt. Er kann ein Geviert oder mehr betragen. Die Ausgangszeile soll mindestens den Einzug decken. Bei verschiedenen Schriftgraden ist der Einzug der Grundschrift maßgebend. Blindzeile. Bei Blindzeilen muss auf das Register geachtet werden. Eine Blindzeile misst man von der Schriftlinie zur Schriftlinie der nächsten Zeile. Ein Alinea-Beginn soll nicht die letzte Zeile einer Kolumne sein. Eine Ausgangszeile darf nie die erste Zeile einer Kolumne sein. Das Alinea. Alinea bedeutet neuer Abschnitt oder Absatz. Die einzelnen Teile eines Textes

Das Alinea. Alinea bedeutet neuer Abschnitt oder Absatz. Die einzelnen Teile eines Textes werden zum besseren Verständnis durch Abschnitte kenntlich gemacht.
Ohne Einzug. Beginnt das Alinea stumpf, darf die Ausgangszeile nicht voll werden; der leere Raum soll mindestens ein Geviert betragen. Beim Flattersatz ist diese Kennzeichnung nicht möglich.
Mit Einzug. Der normale Einzug wird nach der Zeilenbreite bestimmt. Er kann ein Geviert oder mehr betragen. Die Ausgangszeile soll mindestens den Einzug decken. Bei verschiedenen Schriftgraden ist der Einzug der Grundschrift maßgebend.
Blindzeile. Bei Blindzeilen muss auf das Register geachtet werden. Eine Blindzeile misst man von der Schriftlinie zur Schriftlinie der nächsten Zeile. Ein Alinea-Beginn soll nicht die letzte Zeile einer Kolumne sein.
Eine Ausgangszeile darf nie die erste Zeile einer Kolumne sein.

Das Alinea. Alinea bedeutet neuer Abschnitt oder Absatz. Die einzelnen Teile eines Textes werden zum besseren Verständnis durch Abschnitte kenntlich gemacht.
Ohne Einzug. Beginnt das Alinea stumpf, darf die Ausgangszeile nicht voll werden; der leere Raum soll mindestens ein Geviert betragen. Beim Flattersatz ist diese Kennzeichnung nicht möglich.
Mit Einzug. Der normale Einzug wird nach der Zeilenbreite bestimmt. Er kann ein Geviert oder mehr betragen. Die Ausgangszeile soll mindestens den Einzug decken. Bei verschiedenen Schriftgraden ist der Einzug der Grundschrift maßgebend.
Blindzeile. Bei Blindzeilen muss auf das Register geachtet werden. Eine Blindzeile misst man von der Schriftlinie zur Schriftlinie der nächsten Zeile. Ein Alinea-Beginn soll nicht die letzte Zeile einer Kolumne sein. Eine Ausgangszeile darf nie die erste Zeile einer Kolumne sein.

Das Alinea. Alinea bedeutet neuer Abschnitt oder Absatz. Die einzelnen Teile eines fortlaufenden Textes werden zum besseren Verständnis durch Abschnitte kenntlich gemacht.
Ohne Einzug. Beginnt das Alinea stumpf, darf die Ausgangszeile nicht voll werden; der leere Raum soll mindestens ein Geviert betragen. Beim Flattersatz ist diese Kennzeichnung nicht möglich.
Mit Einzug. Der normale Einzug wird nach der Zeilenbreite bestimmt. Er kann ein Geviert oder mehr betragen. Die Ausgangszeile soll mindestens den Einzug decken. Bei verschiedenen Schriftgraden ist der Einzug der Grundschrift maßgebend.
Blindzeile. Bei Blindzeilen muss auf das Register geachtet werden. Eine Blindzeile misst man von der Schriftlinie zur Schriftlinie der nächsten Zeile. Ein Alinea-Beginn soll nicht die letzte Zeile einer Kolumne sein.

Das Alinea. Alinea bedeutet ein neuer Abschnitt oder Absatz. Die einzelnen Teile eines fortlaufenden Textes werden zum besseren Verständnis durch Abschnitte kenntlich gemacht.
Ohne Einzug. Beginnt das Alinea stumpf, darf die Ausgangszeile nicht voll werden; der leere Raum soll mindestens ein Geviert betragen. Beim Flattersatz ist diese Kennzeichnung nicht möglich.
Mit Einzug. Der normale Einzug wird nach der Zeilenbreite bestimmt. Er kann ein Geviert oder mehr betragen. Die Ausgangszeile soll mindestens den Einzug decken. Bei verschiedenen Schriftgraden ist der Einzug der Grundschrift maßgebend.
Blindzeile. Bei Blindzeilen muss auf das Register geachtet werden. Eine Blindzeile misst man von der Schriftlinie zur Schriftlinie der nächsten Zeile. Ein Alinea-Beginn soll nicht die letzte Zeile einer Kolumne sein. Eine Ausgangszeile darf nie die erste Zeile einer

Das Alinea. Alinea bedeutet neuer Abschnitt oder Absatz. Die einzelnen Teile eines Textes werden zum besseren Verständnis durch Abschnitte kenntlich gemacht. ❦ Ohne Einzug. Beginnt das Alinea stumpf, darf die Ausgangszeile nicht voll werden; der leere Raum soll mindestens ein Geviert betragen. Beim Flattersatz ist diese Kennzeichnung nicht möglich. ❦ Mit Einzug. Der normale Einzug wird nach der Zeilenbreite bestimmt. Er kann ein Geviert oder mehr betragen. Die Ausgangszeile soll mindestens den Einzug decken. Bei verschiedenen Schriftgraden ist der Einzug der Grundschrift maßgebend. ❦ Blindzeile. Bei Blindzeilen muss auf das Register geachtet werden. Eine Blindzeile misst man von der Schriftlinie zur Schriftlinie der nächsten Zeile. Ein Alinea-Beginn soll nicht die letzte Zeile einer Kolumne sein. Eine Ausgangszeile darf nie die erste Zeile einer Kolumne sein. Das Alinea. Alinea bedeutet neuer Abschnitt oder Absatz. Die einzelnen Teile eines Tex-

1 4
2 5
3 6

Alinea

Alinea bedeutet neuer Abschnitt oder Absatz. Mengensatz wird durch die Wiederholung dieser formalen Details rhythmisiert. Die einzelnen Teile eines Textes werden zum besseren Verständnis durch Abschnitte kenntlich gemacht.

1
Auf eine optische Gliederung im Text wird verzichtet.
2
Das Alinea beginnt stumpf, die Ausgangszeile steht links.
3
Das Alinea beginnt stumpf, die Ausgangszeile steht in der Mitte.
4
Das Alinea beginnt mit einem Einzug, die Ausgangszeile steht links. Das erste Alinea hat keinen Einzug.
5
Die erste Zeile ist vorgestellt, die restlichen Zeilen des Abschnitts sind eingezogen (hängender oder negativer Einzug).
6
Der Text wird fortlaufend gesetzt, die Abschnitte durch Alinea-Zeichen gekennzeichnet.

Es gibt noch andere Möglichkeiten, Alineas kenntlich zu machen.
Alle Varianten können zusätzlich mit einer Blindzeile gegliedert werden.

Von dem Augenblick an, in dem Mister Mits am frühen Abend bei einem Roman oder einer Illustrierten einschläft, schwimmt er wie alle anderen Leute, die unter den Bedingungen einer modernen Zivilisation leben, in Wörtern. Zeitungsverleger, Politiker, Verkäufer, Radioansager, Leitartikler, Klubredner und Pfarrer; Arbeitskollegen, Freunde, Verwandte, Frau und Kinder; Marktbereiche, Werbedrucksachen und Bücher – alle überfallen ihn den ganzen Tag mit Wörtern.

Von dem Augenblick an, in dem Mister Mits am frühen Abend bei einem Roman oder einer Illustrierten einschläft, schwimmt er wie alle anderen Leute, die unter den Bedingungen einer modernen Zivilisation leben, in Wörtern.

Mister Mits

Zeitungsverleger, Politiker, Verkäufer, Radioansager, Leitartikler, Klubredner, Künstler und Pfarrer; Arbeitskollegen, Freunde, Verwandte, Frau und

Schriftzeichen
und
Sprache

Von dem Augenblick an, in dem Mister Mits am frühen Abend bei einem Roman oder einer Illustrierten einschläft, schwimmt er wie alle anderen Leute, die unter den Bedingungen einer modernen Zivilisation leben, in

Von dem Augenblick an, in dem Mister Mits am frühen Abend bei einem Roman oder einer Illustrierten einschläft, schwimmt er wie alle anderen Leute, die unter den Bedingungen einer modernen Zivilisation leben, in Wörtern.

Schriftzeichen

Reizüberflutung

Von dem Augenblick an, in dem Mister Mits am frühen Abend bei einem Roman oder einer Illustrierten ein-

bewirkt, daß wir immer

schläft, schwimmt er wie alle anderen Leute, die unter den Bedingungen einer modernen Zivilisation leben, in Wörtern. Zeitungsverleger, Politiker, Verkäufer, Radioansager, Leitartikler,

weniger wissen.

Klubredner und Pfarrer; Arbeitskollegen, Freunde, Verwandte, Frau und

1 Von dem Augenblick an, in dem Mister Mits am frühen Abend bei einem Roman oder einer Illustrierten einschläft, schwimmt er wie alle anderen Leute, die unter den Bedingungen einer modernen Zivilisation leben, in Wörtern.

2 Zeitungsverleger, Politiker, Verkäufer, Radioansager, Leitartikler, Klubredner und Pfarrer; Arbeitskollegen, Freunde, Verwandte, Frau und Kinder; Marktbereiche, Werbedrucksachen und Bücher – alle überfallen ihn

1 2
3 4
5 6

Register

Register bedeutet, dass der Rhythmus des Zeilenabstandes durchgehend eingehalten wird. Die Schriftlinien sämtlicher Zeilen stehen in einem imaginären, einheitlichen Zeilenabstand, der sich bis zu den Papierrändern oder bis zur Einfassung fortsetzen kann. Dadurch bekommen einzelne Textgruppen und verschiedene Schriftgrößen untereinander einen ideellen Zusammenhang. Die Gradabstufungen der verwendeten Schriften, die Ausgangs- und Blindzeilen sind ein weiteres Mittel, einen Text zu rhythmisieren.

1
Einfaches Zeilenregister.

2
Die Titelzeile innerhalb zweier Textgruppen steht mit einer Blindzeile Abstand auf Register.

3
Die drei Titelzeilen stehen im doppelten Registerabstand.

4
Der Titel steht auf Register.

5
Der vorstehende und farbige Text steht auf Register.

6
Die farbigen Ziffern sind auf Register gestellt.

Linienbilder

Chinesische Schriftzeichen sind vereinfachte Bilder, doch nicht gegenständlich, sie sind abstrakt.
Kaiser Fou-Hsi überlieferte um 2800 vor Christus die Weisheit dieses Zeichensystems. Es handelt sich um die Begriffe «yang» (männliches Prinzip) und «yin» (weibliches Prinzip).
Diese Grundsätze verbinden das Weltall:
Himmel, Erde;
Feuer, Wasser;
Fluss, Wind.
Aus den beiden Zeichen (yang und yin) werden die eigentlichen Hauptzeichen zusammengestellt zu acht Trigrammen (Dreiergruppen).

1
I-ching, 8 Hauptzeichen.
Die acht Hauptzeichen beschreibt Richard Wilhelm so:

1
Das Schöpferische hat drei ganze Striche.

2
Das Empfangende hat sechs halbe Striche.

3
Das Erregende ist wie eine offene Schale.

4
Das Stillehalten ist wie eine umgestülpte Tasse.

5
Das Abgründige ist in der Mitte voll.

6
Das Haftende ist in der Mitte leer.

7
Das Heitere ist oben eine Lücke.

8
Das Sanfte ist unten entzwei.

2
Knochenfragmente mit Schriftzeichen
Chang-Epoche, 1400–1199 vor Christus. Früheste Formen der chinesischen Schrift, die als die älteste heute noch verwendete Schrift angesehen werden darf.

1 5
2 6
3 7
4 8
9

Typografie
Rhythmisierung in der Lyrik durch betonte und unbetonte, lange und kurze Silben; in der Prosa durch Satzzeichen, Alineas, Blindzeilen, die den Lesefluss steuern.

Neujahrskarte
Um dem ruhelosen Jahr 1996 einen poetischen Abschluß zu widmen, entschloss ich mich für das Lautgedicht von Man Ray. Am Wort «Lautgedicht» fand ich deshalb Gefallen, weil es die Wortspielerei «Gedicht aus Lauten» und «lautes Gedicht» beinhaltet. Nun ist es ja aber ein Gedicht, das ruhiger nicht daherkommen könnte, so ganz ohne Worte. Diese etwas ironische Spitzfindigkeit ließ sich mit den zwei Worten «Mehr Ruhe» auf den Punkt bringen und wurde dadurch noch dazu zur Message fürs neue Jahr.
Etwas tiefer, und damit subtiler, liegt in der Karte die Aussage, dass die Ruhe nur über eine konsequente Rhythmisierung des Lebens zu finden ist. Um jedoch dem Existenzialismus nicht zu nahe zu kommen, soll eben auch gezeigt werden, dass dieser Rhythmus ganz ohne Worte gefunden werden kann.
Patrick Jauch

Neujahrskarte, 1997.
Patrick Jauch, Typograf, 4. Lehrjahr.

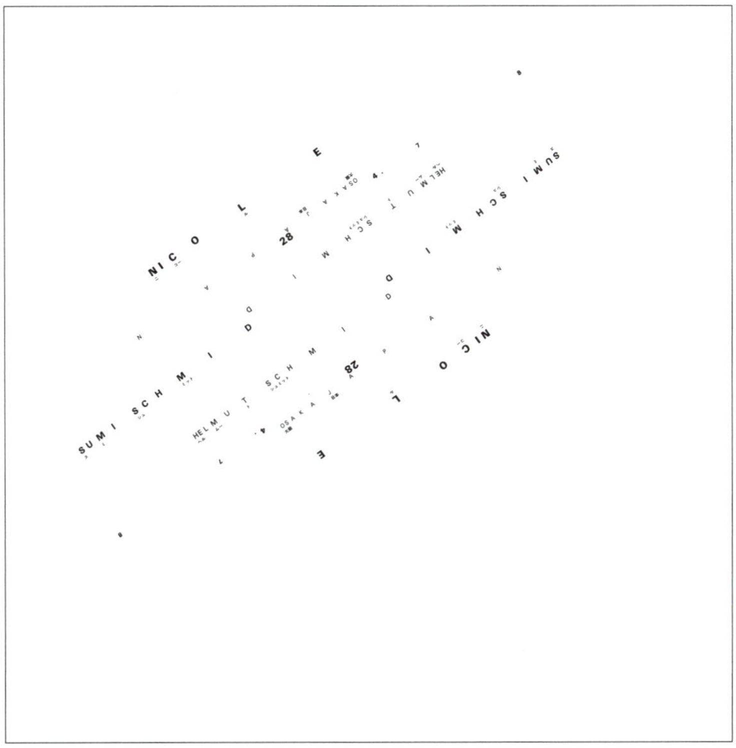

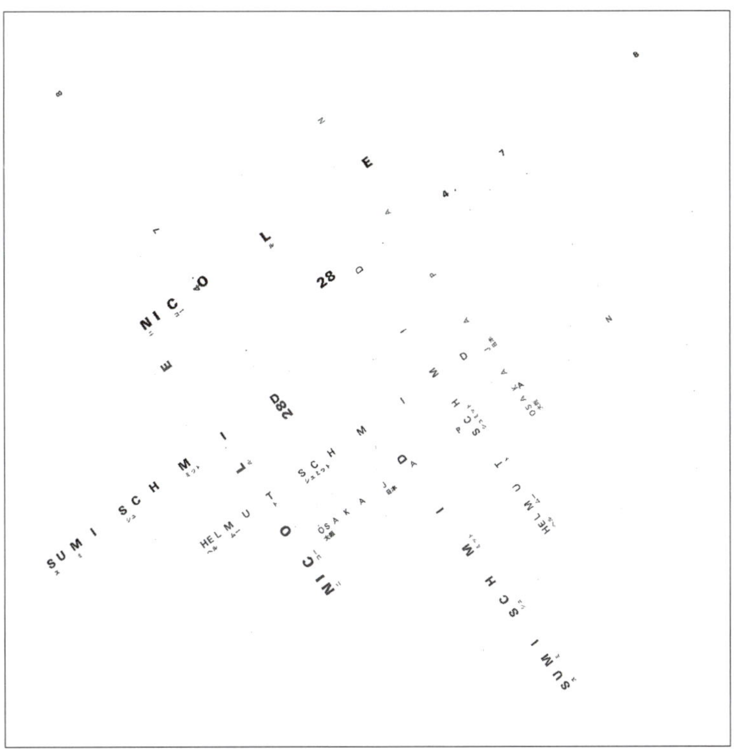

Geburtsanzeige für Nicole, 1978.
Helmut Schmid, Osaka.

Typografie
Die Rhythmisierung einer Fläche kann auch empirisch (das heißt auf Erfahrung beruhend), also optisch empfindungsmäßig, ohne Maßstab entstehen.

Geburtsanzeige
«Das Gestalten der Geburtsanzeige brachte den passenden Anlass, mir bis dahin selbst auferlegte Restriktionen in meiner Typografie zu sprengen: zum einen die Verwendung von Versalien; zum anderen das formalistische Sperren ohne Rücksicht auf die unmittelbare Lesbarkeit. Durch die Überlagerung der Information und durch das extreme Sperren assoziiert die Geburtsanzeige mit neuem Leben, mit Notation neuer Musik, mit Sternenhimmel. Von zwei ausgeführten Varianten wurde, dem Zufall überlassend, immer nur je eine ausgewählt und an Freunde verschickt.»
Helmut Schmid

Versuche durch Weglassen einzelner Linien rhythmische Formen zu finden.

Gliedere im Quadrat Linien nach gesetzmäßigen Proportionen:
gleiche Abstände;
einfache Zahlenreihe 1 : 2 : 3 : 4;
Verdoppelung der Abstände, 1 : 2 : 4 : 8.

Vorausschauen wird gesichert durch Zurückblicken.
Gewöhnung macht gleichgültig; Nachahmung macht
erfolglos; Bewährtes macht vertraut. Es gibt einen Maßstab
für Qualität: die Zeit!

Versuche mit dem nebenstehenden Text (oder mit einem anderen) nach deinem rhythmischen Empfinden verschiedene Flattersätze herzustellen. Stelle den Text in ein Quadrat und mache Randverhältnisse, die dir gefallen.

Setze einen selbstgewählten Text und gliedere ihn mit weiteren Alinea-Möglichkeiten.

In der Natur lassen sich symmetrische und asymmetrische Gebilde finden. Eine vollkommene Symmetrie ist sowohl beim Bau des menschlichen Körpers als auch beim Bau der Kristalle und Blätter ausgeschlossen. In der Natur erfahren die Symmetrien immer geringfügige Abweichungen.

1
L'absinthe, 1876.
Edgar Degas.

2
Bergellerin, 1929.
Giovanni Giacometti.

3
Einfamilienhaus in Riehen, 1928.
Hans Schmidt.

Kunst und Architektur

In der Gestaltung war die Symmetrie während Jahrhunderten die vorherrschende Darstellungsart, sie widerspiegelte auch die Bezogenheit des Menschen auf Gott. Symmetrie wirkt ruhig und ausgeglichen. Sie ist statisch.
Im Gegensatz dazu die Asymmetrie; sie ist ungleichmäßig, nicht deckend. Asymmetrie schafft Spannungen. In der Asymmetrie gibt es keine dominierende Mitte mehr, sie ist dynamisch.

Kunst

1
Im Bild von Edgar Degas gehen die Blickrichtungen nach außen, die Figuren werden zum Teil angeschnitten. Die Diagonale wird durch die Tische angedeutet.

2
Im Bild von Giovanni Giacometti ist Ruhe und die Statik vorherrschend.

Architektur

3
Das Einfamilienhaus in Riehen hat keine dominierende Mitte. Die einzelnen Teile des Hauses laufen in verschiedene unterschiedliche Richtungen und erzeugen Dynamik.

4
In der Kirche des unbekannten Architekten ist die Symmetrie das tragende Formprinzip. Trotz der zeitgemäßen Architektur wird hier die symmetrische Anordnung vorgezogen.

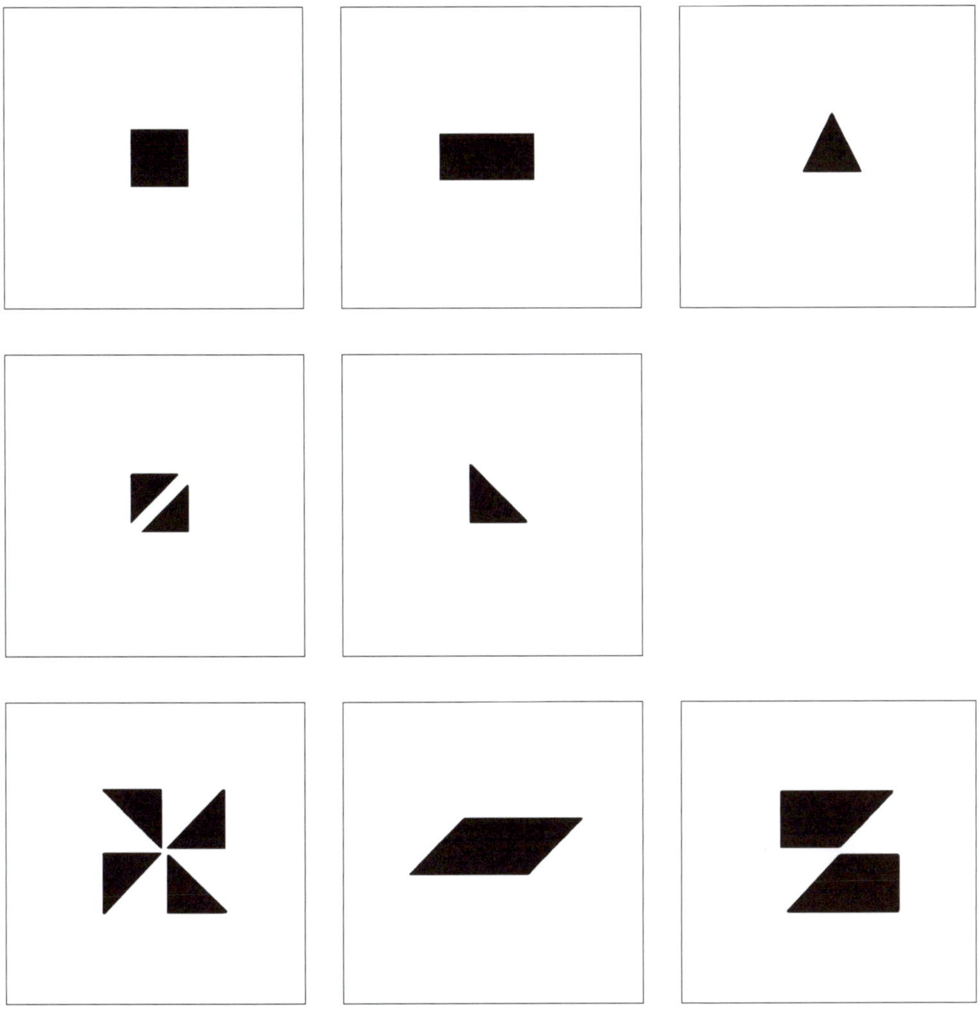

1 2 3
4 5
6 7 8

Symmetrie heißt Deckungsgleichheit, Gleich- oder Regelmäßigkeit, Ebenmaß, die harmonische Anordnung mehrerer Teile eines Ganzen zueinander.
Bei Symmetrieoperationen – Wenden einer Figur um eine Achse, Drehen einer Figur um ihren Mittelpunkt, Verschieben einer Figur um eine bestimmte Strecke – müssen alle Teile einer Figur zur Deckung kommen.

1
Wenden über vertikale, horizontale oder diagonale Achsen.
2
Wenden über die vertikale und horizontale Achse.
3
Symmetrie über die vertikale Achse.
4
Symmetrie über beide diagonalen Achsen.
5
Symmetrie über eine diagonale Achse.
6
Drehen um den Mittelpunkt, identisch in allen 4 Ecken, das heisst, die gleiche Figur ist in jedem Viertel um 90 Grad gedreht.
7
Das identische Motiv ist um 180 Grad und auf der vertikalen Achse gedreht.
8
Das identische Motiv ist um 180 Grad auf der diagonalen Achse gedreht.

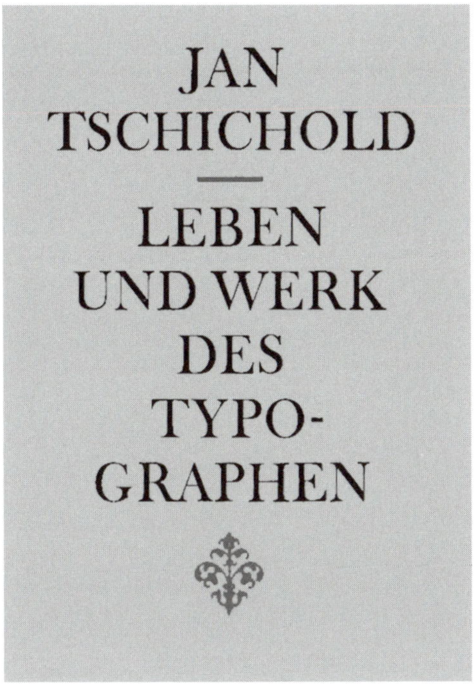

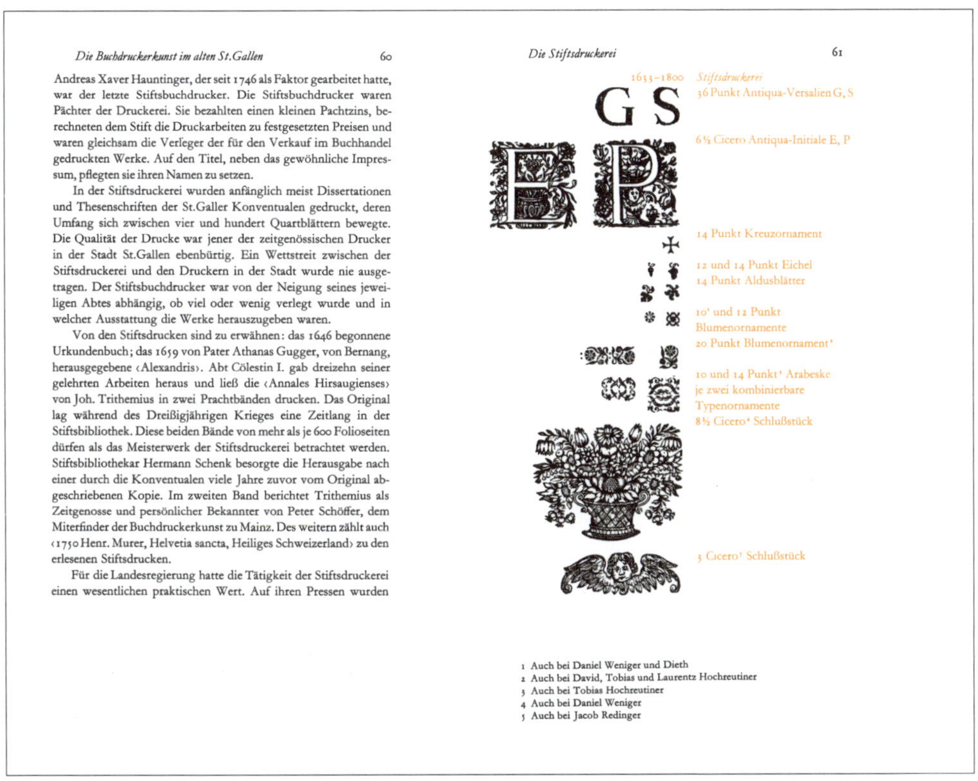

Die Buchdruckerkunst im alten St.Gallen 60

Andreas Xaver Hauntinger, der seit 1746 als Faktor gearbeitet hatte, war der letzte Stiftsbuchdrucker. Die Stiftsbuchdrucker waren Pächter der Druckerei. Sie bezahlten einen kleinen Pachtzins, berechneten dem Stift die Druckarbeiten zu festgesetzten Preisen und waren gleichsam die Verleger der für den Verkauf im Buchhandel gedruckten Werke. Auf den Titel, neben das gewöhnliche Impressum, pflegten sie ihren Namen zu setzen.

In der Stiftsdruckerei wurden anfänglich meist Dissertationen und Thesenschriften der St.Galler Konventualen gedruckt, deren Umfang sich zwischen vier und hundert Quartblättern bewegte. Die Qualität der Drucke war jener der zeitgenössischen Drucker in der Stadt St.Gallen ebenbürtig. Ein Wettstreit zwischen der Stiftsdruckerei und den Druckern in der Stadt wurde nie ausgetragen. Der Stiftsbuchdrucker war von der Neigung seines jeweiligen Abtes abhängig, ob viel oder wenig verlegt wurde und in welcher Ausstattung die Werke herauszugeben waren.

Von den Stiftsdrucken sind zu erwähnen: das 1646 begonnene Urkundenbuch; das 1659 von Pater Athanas Gugger, von Bernang, herausgegebene ‹Alexandris›. Abt Cölestin I. gab dreizehn seiner gelehrten Arbeiten heraus und ließ die ‹Annales Hirsaugienses› von Joh. Trithemius in zwei Prachtbänden drucken. Das Original lag während des Dreißigjährigen Krieges eine Zeitlang in der Stiftsbibliothek. Diese beiden Bände von mehr als je 600 Folioseiten dürfen als das Meisterwerk der Stiftsdruckerei betrachtet werden. Stiftsbibliothekar Hermann Schenk besorgte die Herausgabe nach einer durch die Konventualen viele Jahre zuvor vom Original abgeschriebenen Kopie. Im zweiten Band berichtet Trithemius als Zeitgenosse und persönlicher Bekannter von Peter Schöffer, dem Miterfinder der Buchdruckerkunst zu Mainz. Des weitern zählt auch ‹1750 Henr. Murer, Helvetia sancta, Heiliges Schweizerland› zu den erlesenen Stiftsdrucken.

Für die Landesregierung hatte die Tätigkeit der Stiftsdruckerei einen wesentlichen praktischen Wert. Auf ihren Pressen wurden

Die Stiftsdruckerei 61

1633–1800 *Stiftsdruckerei*
36 Punkt Antiqua-Versalien G, S

6½ Cicero Antiqua-Initiale E, P

14 Punkt Kreuzornament

12 und 14 Punkt Eichel
14 Punkt Aldusblätter

10[1] und 12 Punkt
Blumenornamente
20 Punkt Blumenornament[2]

10 und 14 Punkt[3] Arabeske
je zwei kombinierbare
Typenornamente
8½ Cicero[4] Schlußstück

3 Cicero[5] Schlußstück

1 Auch bei Daniel Weniger und Dieth
2 Auch bei David, Tobias und Laurentz Hochreutiner
3 Auch bei Tobias Hochreutiner
4 Auch bei Daniel Weniger
5 Auch bei Jacob Redinger

1
Schutzumschlag
Leben und Werk des Typografen Jan Tschichold.
2
Buchdoppelseite
Buchdruckerkunst im alten St.Gallen, 1967.
Rudolf Hostettler.

3
Schutzumschlag
Der alte Zauberer, Friedrich Glauser,
Band II, 1992, Limmat Verlag.
Guido Widmer.

Typografie

Durch Jahrhunderte war die Symmetrie ein wichtiges Gestaltungsprinzip der Buchtypografie. In der Typografie versteht man unter Symmetrie die axiale Anordnung der Zeilen.
Um 1917 leitete die Künstlergruppe «De Stijl» die radikale Abwendung von allen formalen Konventionen ein. Malerei, Architektur, Plastik, Design und die Typografie veränderten sich – man strebte Klarheit, Einfachheit und Gesetzmäßigkeit an. Mit der asymmetrischen Anordnung und den serifenlosen Schriften bekamen Druckerzeugnisse neuen, dynamischen Charakter.
Heute werden beide Möglichkeiten angewendet. Es kommt vor allem darauf an, die beiden Ordnungsprinzipien passend und entsprechend ihrer Ausdrucksmöglichkeit einzusetzen.
Im Beispiel 2, Buchdoppelseite von Rudolf Hostettler, kommen beide Arten in der gleichen Arbeit zum Zug.

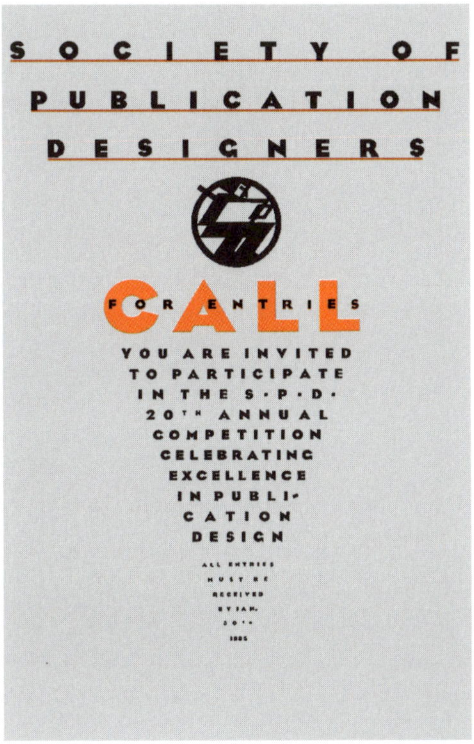

Typografie

Der alte Streit unter den Gestaltern, ob Symmetrie oder Asymmetrie die richtige Gestaltungsart darstellt, gehört zum Glück der Vergangenheit an.

Die drei abgebildeten Beispiele von Gebrauchsdrucksachen zeigen, wie je nach Auffassung des Gestalters beide Arten, für sich oder auch gleichzeitig in der gleichen Drucksache angewandt, zu einem guten Resultat führen.

1
Ankündigung, 1984.
Louise Fili.

2
Kundenzeitschrift einer Druckerei.
Lecturis Eindhoven, 1982.
Bart de Ciroot.

3
Eigenwerbung Layout-Setzerei Stulle, 1988.
Ursula Weckherlin.

Cuno Brullmanns Projekte lassen sich in einer konstruktiv orientierten Traditionslinie verankern. Sein Denken und Handeln entspringt einer Zeit, die durch Vielschichtigkeit und Gleichzeitigkeiten geprägt ist. Die intensive Beschäftigung mit veränderbaren Strukturen und modularen Bausystemen, das Zusammenspiel (cohabitation) von teils widersprüchlichen Konstruktionssystemen und Nutzungskonzepten prägen so entscheidend sein Werk.

1945 in Kreuzlingen geboren, führte sein Weg, nach dem Architekturstudium an der ETHZ, über Den Haag, Tokio, London und Mailand nach Paris. Als verantwortliches Mitglied im Team Renzo Piano + Richard Rogers war Cuno Brullmann am Bau des Centre Georges Pompidou beteiligt.
Brullmann hatte nicht nur gute und anregende Lehrer und Lehrmeister, sondern er ist auch selbst Lehrer. Nebst seinem eigenen Büro in Paris ist er seit 1980 an der Ecole Spéciale d'Architecture (ESA) sowie seit 1995 an der technischen Universität in Wien als Professor tätig.

Die Ausstellung ‹Cuno Brullmann, Inventionen – Interventionen› wurde von der Ingenieurschule Luzern zusammengestellt und geht nach dem Zwischenhalt im Kunstraum weiter nach Wien und Paris. Zur Ausstellung ist im Verlag Birkhäuser eine Werkdokumentation von Cuno Brullmann erschienen.

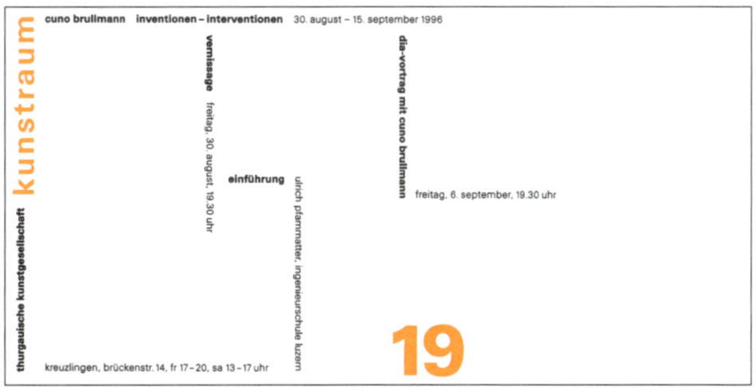

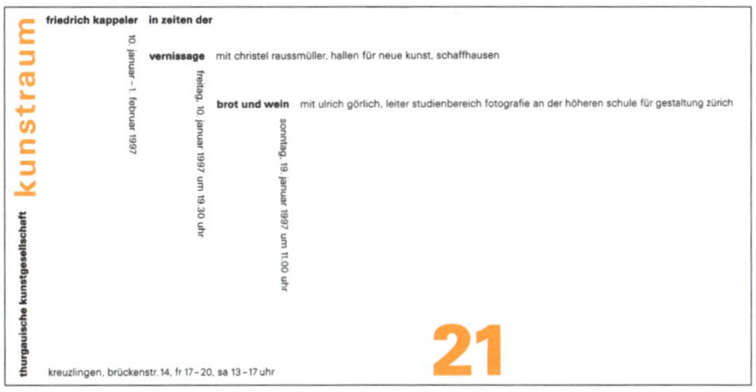

1
2
3
4

Typografie

1, 2, 3, 4

Einladungskarten, 1996.
Kaspar Mühlemann.
Die Einladungskarten, im Format 210 x 105 mm und vierseitig, für den Kunstraum der Thurgauischen Kunstgesellschaft sind durch die freie asymmetrische Anordnung variabel gestaltet.
Je nach Bildvorlagen und Textmenge wird die Typografie im Seriengedanken dargestellt.
Die Bezeichnung «Kunstraum» und die Numerierung der Veranstaltung durch die große Zahl sind immer in einer anderen Farbe gedruckt.

SYMMETRIE UND ASYMMETRIE

Übungen

Suche in der Natur, in der Kunst oder in Drucksachen Beispiele.
Zeichne die Symmetrie und die Asymmetrie ein!

Gestalte persönliche Visitenkarten in symmetrischer und asymmetrischer Gestaltung.

Reines Sehen und Betrachten von Bildern gibt es nicht, sie begegnen uns immer im Kontext (Zusammenhang), wie unsichtbar und unbewusst dieser auch sein mag. Ein Kontext ist die Sprache – die Sprache, die wir in uns tragen und die manifeste Sprache: die Schrift, der beigefügte oder einmontierte Text, typografisch gesetzt oder handschriftlich gekritzelt. Der Text führt das Bild, lenkt, öffnet oder schließt es, kämpft mit ihm, oder ergänzt es, oder er wird selbst zum Bild.

1 2
3

Natur und Kunst

Normalerweise ist in der Natur keine Schrift auszumachen. Schrift ist ein Konstrukt des Menschen. Gute Beobachter finden die Buchstaben- und Ziffernformen aber auch in der Natur.

Der italienische Schriftsteller und Linguist Umberto Eco warnte davor, dass wir auf dem Weg sind, ins Mittelalter zurückzukehren, weil wir das Sprachliche aufgeben zugunsten von Bildern, die uns flutwellenartig überschwemmen. In der Kunst ist der Übergang von der Schrift zum Bild fließend. Es ist sogar eine starke Verbindung von Bild und Sprache festzustellen. Seit dem Wirken der Dadaisten und der Konstruktivisten überwinden Künstler die traditionelle Trennung von Bild und Sprache. Sobald die Schrift nicht mehr als Informationsträger eingesetzt wird, wird sie zum Bild.

1
Schmetterlingsflügel
Vor zwanzig Jahren hat der Fotograf Kjell Sandved aus Norwegen den Buchstaben P in den Pigmenten eines Schmetterlingsflügels entdeckt. Seither fotografiert er die Tiere in den Regenwäldern Asiens, Afrikas und Südamerikas. Inzwischen hat er das lateinische Alphabet komplett – inklusive der arabischen Ziffern.

2
Straßenskulptur
Die Ziffer 9 wird hier sowohl als Informationsträger (Hausnumerierung) als auch als Skulptur eingesetzt.

3
Die Sattlermappe, 1922
Kurt Schwitters hat schon zu seiner Zeit die Schrift als Bild oder als Illustration gebraucht. Wortfetzen wurden mit Bildern, farbigen Flächen «zusammengeklebt.»

HIMMEL
HIMMEL
himmel
Himmel
Himmel
Himmel

1
2

Bild und Schrift

Einige wesentliche Unterschiede zwischen Bild und Schrift sind folgende: Wünsche, Fantasien, Gefühle lassen sich mit einem Bild denken. Jeder Empfänger «versteht» ein Bild anders. Außerdem sind Bilder stumm. Sie können weder gehört noch geschrieben werden. Malen zum Beispiel zwei Menschen den Himmel, so gibt es vermutlich zwischen den beiden Bildern keine Übereinstimmung, weil die Menschen verschiedene Auffassungen von Himmel haben. Sprache kann gehört, gesprochen, geschrieben und gelesen werden. Sprache hat einen Klang, sie tönt. Unsere Sprache hat eine Konvention: das lateinische Alphabet.
Schrift macht Sprache lesbar.

Zu den beiden nebenstehenden Abbildungen schreibt Philipp Luidl in seinem Buch «Typografie» folgendes:

1
Bild
«Wenn wir uns noch einmal an das Bild als den Ursprung der Schrift erinnern, so mit der Frage, ob das aus Buchstaben zusammengefügte Wort dem Bild tatsächlich überlegen ist?
Wir zeigen hier eine Darstellung der Himmels. Das Bild könnte ebensogut Wolken, Weite oder Höhe bedeuten. Es ist in seinem Ausdruck reicher, in seiner Genauigkeit aber ärmer.»

2
Schrift
«Die Schrift spiegelt keinen Gegenstand mehr. Ihre Gestalt gibt stattdessen die Meinung einer Zeit wieder, wird damit zum Ausdruck einer geistigen Haltung. So grenzt das gedruckte Wort den Spielraum der Mehrdeutigkeit ein. Wie das Wort Himmel hier zeigt, ist die Schrift sogar in der Lage, den Begriff zu unterteilen und ihn auf eigenartige Weise zu bestimmen.»

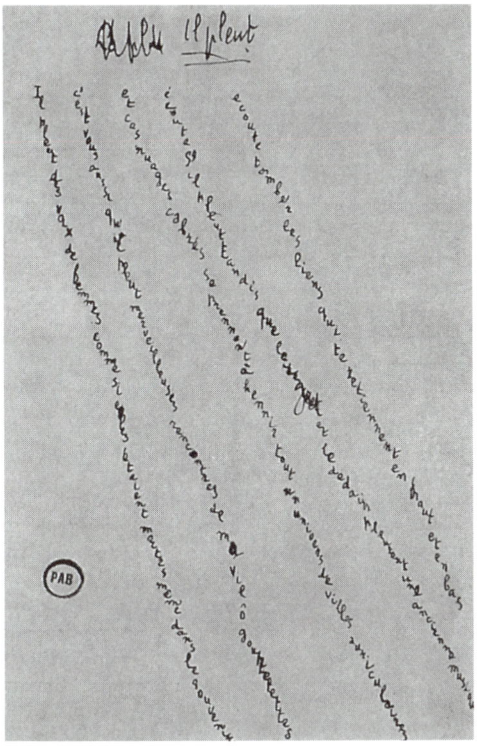

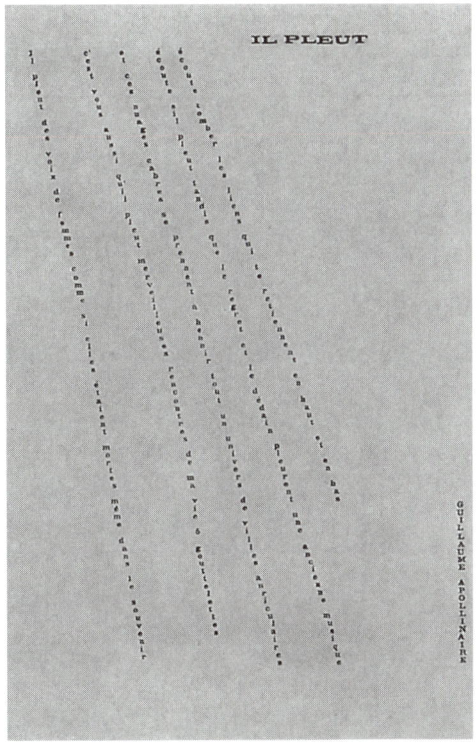

1
Kalligramm, 1916.
Il pleut… (geschrieben).
Guillaume Apollinaire.

3
Holzschnitt, um 1475–1480.
Biblia pauperum.

2
Kalligramm, 1916.
IL PLEUT… (gesetzt).
Guillaume Apollinaire.

4
Comic, 1990.
Flucht aus Berlin.

Typografie

1, 2
Kalligramm

Die zwei «Caligrammes» von Guillaume Apollinaire sind optisch-sprachliche Kunstwerke. Es sind Gedichte, deren Worte gleichzeitig erfasst werden müssen, da der Text keinen normalen Ablauf hat, es sind Bildgedichte, in denen Buchstaben und Worte so gesetzt sind, dass Figuren entstehen. Obwohl sie alle herkömmlichen Regeln in der typografischen Textanordnung sprengen, sind sie zarte Gebilde, deren Poesie sich auch visuell ausdrückt.

3
Biblia pauperum

Im Einblattdruck (Text und Bild aus einer Holztafel geschnitten) der Armenbibel von 1475 werden die Bilder von «Sprechbändern» begleitet.
Neben dem geschriebenen und gedruckten Wort hatte von jeher das Bild seine besondere Bedeutung und Wirkung. Es redete, während das Wort stumm blieb für den, der nicht lesen konnte.

4
Comic

Das gleiche Prinzip wie auf dem Holzschnitt wird im Comic «Flucht aus Berlin» angewendet: die gezeichneten Figuren beginnen zu sprechen.

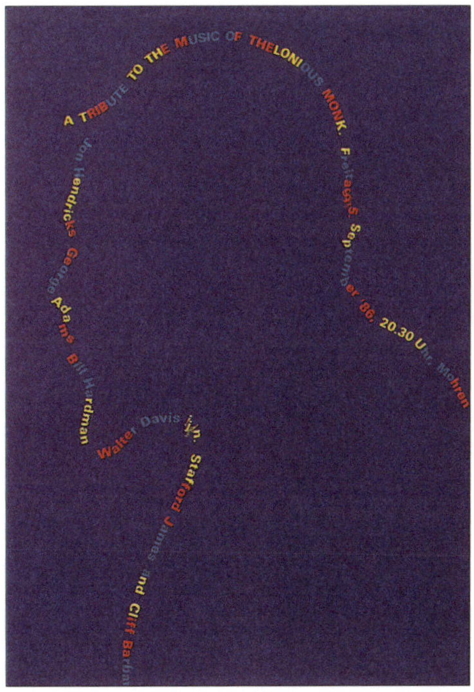

1 2
3

Typografie

1

Wortmarke

Jurek Wajdowicz.
Die «Wortmarken» drücken eine Vorstellung aus. Mit dieser Vorstellung ist es möglich, die «Wortmarken» zu verstehen, obwohl sie englisch sind und mit Ziffern und Buchstaben zusammengesetzt sind.

2

Plakat

Jazz in Willisau, 1986.
Niklaus Troxler.
Hier wird aus Buchstaben und Ziffern ein Bild zusammengestellt – der Buchstabe als Basiselement, als Ausgang zu einer Illustration.
Nicht immer müssen Formen aus vorhandenen Buchstaben stammen, auch Gegenstände, die Buchstabenformen enthalten, können einen solchen simulieren.

3

Plakat

Internationales Komitee des Roten Kreuzes, 1989.
Wolfgang Geisler.
Die zwei «ersetzten» Buchstaben sind eigentlich keine Buchstaben, trotzdem kann jeder Leser die Botschaft verstehen. Solche Beispiele sind nicht für alles machbar und in der Regel einmalig.